# VEGAN
# WA
# SHOKU

ヴィーガン料理が注目を集めていますが、
考えてみれば和のごはんは、
とてもヴィーガンに近いと思うのです。
野菜がたっぷりとれるし、
おなかに軽く、ヘルシーです。
日本には古くから精進料理の文化もあります。

世界中のどんな食習慣の
和食を楽しんでもらい

JN055186

だから、この本では、
もともとヘルシーな和のごはんをヴィーガンで！
だしも含めて植物性のみにこだわったレシピで
紹介しました。
ヴィーガン料理といっても、
慣れ親しんだ料理ばかりだから
作るのもとてもカンタン！
ぜひ毎日の食事にとり入れてくださいね。

庄司いずみ

ヴィーガン和食

主婦の友社

# 目次

### 第1章

## 人気おかずをヴィーガンで！
## 定番の和菜10品

6種の野菜の炊き合わせ —— 6

彩り野菜の精進揚げ —— 8

ゆずごま風味のじゃがいもの煮っころがし —— 10

小松菜と油揚げの煮びたし ゆずこしょう添え —— 12

なすときのこの南蛮漬け —— 13

たっぷり薬味の焼きなす 豆乳じょうゆあえ —— 14

ごぼうとクレソンの塩きんぴら —— 16

ほうれんそうと切り干し大根のおひたし —— 18

きゅうりと車麩の酢の物 —— 20

具だくさん白あえ —— 21

コラム1　野菜の色を生かす —— 22

### 第2章

## だしをきかせて
## ヴィーガン煮物

ころころ野菜のおでん —— 24

とろとろキャベツの和風オイル煮 —— 26

トマトとクレソンの冷たい煮びたし —— 27

白菜とがんものいため煮 —— 28

とろーりとうがんと油揚げの煮物 —— 29

揚げ麩の肉じゃが風 —— 30

根菜と高野どうふの含め煮 —— 32

カラフル野菜とひじきのいり煮 —— 33

かぼちゃのさっぱり塩煮 —— 34

ごぼうの梅煮 —— 35

ゴーヤーと油揚げの甘辛煮 —— 36

にんじんといんげんの信田巻き —— 37

コラム2　精進だしとこんぶだし —— 38

### 第3章

## 野菜の甘みが際立つ
## ヴィーガン焼き物

根菜としめじのホイル蒸し にんにくソース —— 40

エリンギとセロリのしょうが焼き —— 42

大根のてりてり照り焼き —— 43

長いものサクッと白みそ焼き —— 44

まるごと里いものみそくし焼き —— 45

焼きねぎの塩レモン風味 —— 46

焼きアボカドのわさびソース —— 47

緑のさや豆3種焼き —— 48

ししとうの昔ながらの焼きびたし —— 49

コラム3 香り塩——50

第4章
油が野菜の味を引き立てる
## ヴィーガン揚げ物

お好み野菜のみそくし揚げ——52
揚げだし風ポン酢大根——53
もちもちれんこんもち——54
れんこんのはさみ揚げ——55
しいたけの竜田揚げ——56
アスパラガスのくるみ揚げ——57
コラム4　野菜で作るごはんのお供——58

第5章
多彩な味つけで楽しみたい
## ヴィーガンいため物

ゆずこしょう風味の和風野菜いため——60
根菜のみそきんぴら——61
大根とわかめの塩レモンいため——62
なすとピーマンのみそいため——63
昔ながらのいためなます——64
なすのソテー　ふるふるあんかけ——65
コラム5　野菜の乾物——66

第6章
食材の味を生かす
## ヴィーガンあえ物

緑の野菜のごまあえ3種——68
　さやいんげんのごまあえ
　アスパラガスのゆず風味のごまあえ
　オクラのピリ辛ごまあえ
小松菜のからしあえ——70
うどとセロリの酢みそあえ——71
香り野菜のわさびあえ——72
なめこのみぞれあえ——73
もやしのごま酢あえ——73
細切り野菜と春雨の酢の物——74
かぶの紀州あえ——75
アボカドのねぎ塩あえ——75
コラム6　ヴィーガン浅漬け——76
　玉ねぎとにんじんの甘酢漬け
　カリフラワーとブロッコリーの浅漬け
　セロリのしょうゆ漬け
　切り干しのはりはり漬け
　ミニトマトと青じその塩こんぶ漬け
　カリカリごぼうのみそ漬け
　きゅうりのからし漬け

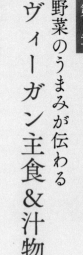

# 第7章

## 野菜のうまみが伝わる ヴィーガン主食&汁物

ごはん物

ねぎと乾物の炊き込みごはん —— 80

グリーンピースと煎茶の香りごはん —— 82

揚げ長いものホクホクまぜごはん —— 83

薄切り野菜のてまりずし —— 84

三つ葉と甘夏のまぜずし —— 86

さつまいもの茶がゆ —— 87

汁物

具だくさんのふわとろけんちん —— 88

揚げ大根のみぞれ汁 —— 90

いろいろきのこのかす汁 —— 91

山いもだんごのすまし汁 —— 92

にら入りとろろ汁 —— 92

野菜が主役のすいとん —— 93

## 【この本の使い方】

●材料は基本的に2人分の分量の目安ですが、レシピに合わせて作りやすい量（㎖など）で表記しています。

●大さじ1は15㎖、小さじ1は5㎖、1カップは200㎖です。

●火かげんは、特に指定のないかぎり中火で調理しています。

●材料の個体差により加熱時間が多少異なることがありますので様子を見ながらかげんしてください。

●野菜類は、特に指定のない場合、洗う、皮をむくなどの作業をすませてからの手順を説明しています。

●この本で紹介しているレシピのきび糖は、同量のてんさい糖やメープルシロップでも代用できます。好みでお使いください。

●調味料類は、特に指定がない場合、しょうゆは濃口しょうゆ、小麦粉は薄力粉を使っています。こしょうは白こしょう、黒こしょうを好みでお使いください。

●だしは、38ページで紹介している「こんぶだし」を使用しています。市販品を使う場合は、パッケージの表示どおりに使い、味をみてかげんしてください。

●アボカド、いも類、豆類、きのこ、一部の果実なども野菜として扱っています。

# 第1章

# 人気おかずをヴィーガンで！
# 定番の和菜10品

野菜の持つやさしい味わいが楽しめる
和の定番のお総菜です。
肉、魚、砂糖などを使わないヴィーガンレシピで作る
どこか懐かしいおいしさです。

野菜本来の風味や色を生かしながら、しっかりと味を含ませて煮るのが "炊き合わせ"。グループに分けて別々に煮るので、少し面倒に思えますが、彩りの美しさとおいしさがしみじみ味わえます。

## 材料（2人分）

里いも … 極小4個（100g）

A | しょうゆ … 小さじ1
  | 酒 … 大さじ1

干ししいたけ … 4個

こんにゃく … ½枚（100g）

B | しょうゆ … 大さじ1
  | 酒 … 大さじ1

ゆでたけのこ … ½本（100g）

れんこん … ⅓節（50g）

さやいんげん … 6本

ミニトマト … 6個

C | しょうゆ … 小さじ2
  | 酒 … 大さじ1
  | みりん … 小さじ1

こんぶだし … 2カップ

> こんにゃくやしいたけは濃いめの味で煮るのがコツ！

## 作り方

1 なべに里いもとこんぶだし1カップを入れて中火にかけ、煮立ったら弱火にして3分ほど煮る。Aで調味して、やわらかくなるまで7分ほど煮る。

2 別のなべにしいたけ、こんにゃく、しいたけのもどし汁を入れ、Bを加えて中火で10分ほど煮る。

3 別のなべにたけのこ、れんこん、残りのこんぶだしを入れて中火にかけ、煮立ったら弱火にして3分ほど煮て、Cを加えて10分煮る。やわらかくなったら、いんげんとミニトマトを加え、さらに2分ほど煮る。

## 準備

・里いもは皮を縦に6等分にむき、塩適量（分量外）をまぶしてもみ、洗ってゆでこぼす。

・干ししいたけは1カップの水につけてもどし、石づきを除く。

・こんにゃくはゆでてアクを抜き、1cm厚さに切って手綱こんにゃくにする。

・たけのこは縦に4〜6等分に切る。

・れんこんは1cm厚さの半月切りにする。

・さやいんげんはさっとゆで、水けをきって長さを半分に切る。

・ミニトマトはへたをとって浅く切り目を入れる。

## Point

里いもの皮は、両端を少し切り落とし、縦方向に6面で皮をむきます。"六方むき" という和食ならではのむき方です。

"手綱こんにゃく" は、1cm厚さに切った面の中央に切り込みを入れ、片端をこの切り込みにくぐらせて完成。表面積が広くなるので、味がよくしみ込みます。

# 彩り野菜の精進揚げ

卵を使わないさっぱりとした衣でカラリと揚げた野菜の天ぷらです。ズッキーニやミニトマトなどの洋野菜も仲間に入れて、彩りを添えると、ちょっとおしゃれな和食になります。

## 材料（2人分）

- なす … 小1個（80g）
- かぼちゃ（正味）… 80g
- ズッキーニ … ½本（80g）
- スナップえんどう … 4個
- エリンギ … 1本（50g）
- ミニトマト … 大4個
- 小麦粉 … 適量
- A | 小麦粉 … ½カップ
  | ベーキングパウダー … 小さじ¼
  | 水 … ¾カップ
- 揚げ油 … 適量
- B | こんぶだし … ½カップ
  | しょうゆ … 大さじ2
- 大根おろし … 適量

> ベーキングパウダーを加えるとさっくりとした軽い食感に仕上がります。

## 作り方

1 準備した野菜、きのこに小麦粉を薄くまぶす。Aをまぜ合わせて衣を作る。

2 揚げ油を180度に熱し、野菜、きのこに衣をからめて、カラリとするまで揚げる。油をきって器に盛る。

3 小なべにBを入れて一煮立ちさせて天つゆを作り、大根おろしを入れて3に添える。

## 準備

・なすは縦に半分に切る。
・かぼちゃは1cm厚さに切る。
・ズッキーニは1cm厚さの輪切りにする。
・スナップえんどうは筋をとる。
・エリンギは縦に1cm厚さに切る。
・ミニトマトはへたをとってようじで数カ所に穴をあける。

## Point

衣をつける前に、小麦粉を薄くまぶしておくと、水分の多い野菜もベタつかずに、カラリと揚がります。

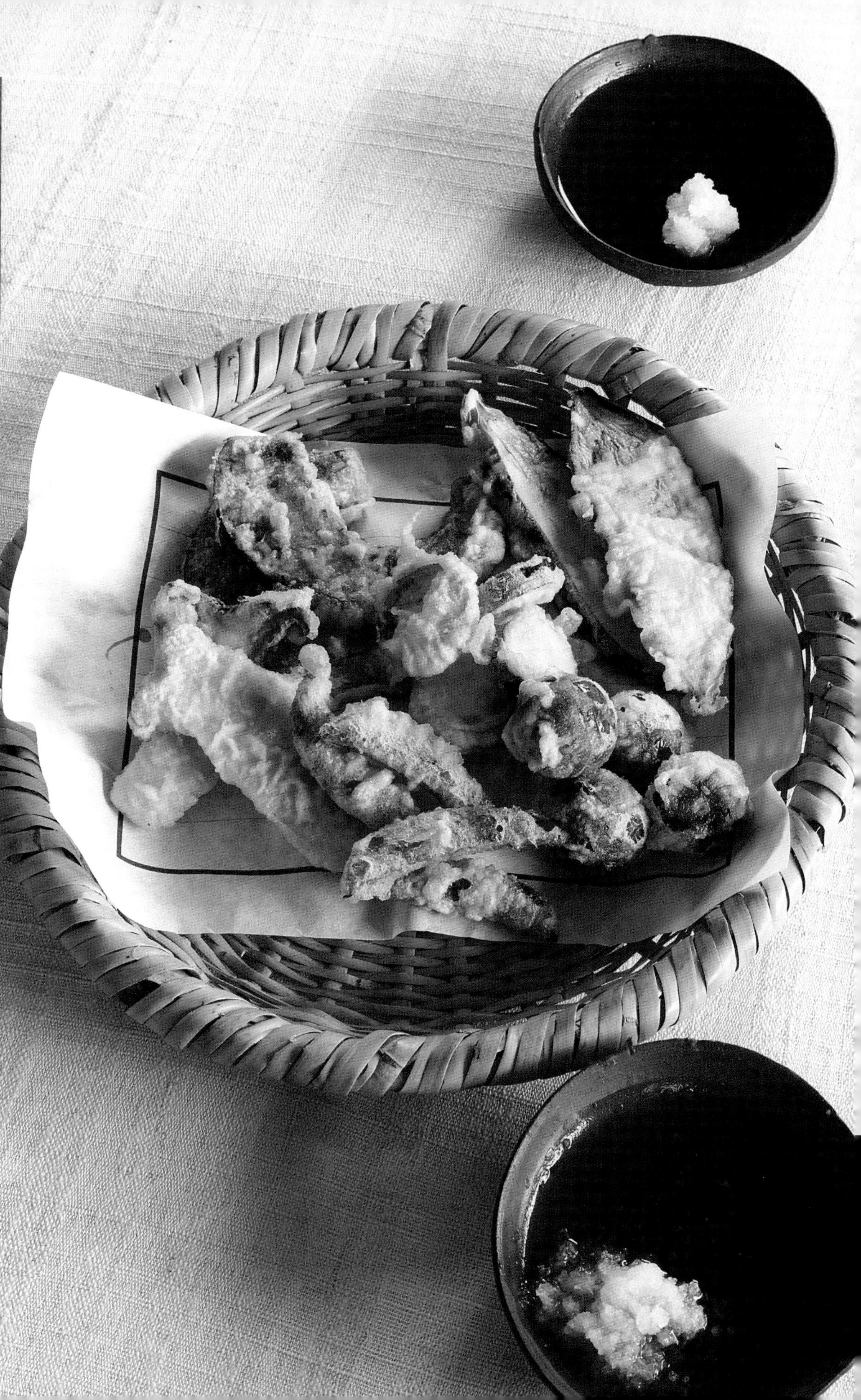

# ゆずごま風味のじゃがいもの煮っころがし

素朴な甘辛味の煮っころがしに、ごまの香ばしさをからめるだけで、いつものおかずがグンと深い味わいに。さらにゆずのさわやかな香りをプラスすれば、おしゃれな一皿に仕上がります。

コロコロとかわいい小さめのじゃがいもで作るのがおすすめ。

## 材料（2人分）
じゃがいも … 小8個（500g）
A ｜ こんぶだし … 1カップ
　｜ 酒 … 大さじ2
B ｜ みりん … 大さじ1
　｜ しょうゆ … 大さじ1⅓
しょうゆ … 小さじ1
すり白ごま … 大さじ3
ゆずの皮のせん切り … 適量

## 準備
・じゃがいもは皮をむき、大きいものは半分に切る。

## 作り方
1 なべにじゃがいもとAを入れて中火にかけ、煮立ったら弱火にして5分煮る。Bを加えてやわらかくなるまで10分ほど煮る。

2 煮汁が少なくなってきたらなべを揺すりながら煮詰める。煮汁がほぼなくなったら、しょうゆ、すりごまを加えて全体にからめ、すぐに火を止める。

3 器に盛ってゆずの皮を散らす。

## Point

しょうゆは長く煮ると香りがとぶので、最後に少量を加えて風味よく仕上げます。

## 小松菜と油揚げの煮びたし ゆずこしょう添え

調味したこんぶだしでさっと煮るだけ。熱々もおいしいですが、冷ますとさらに味がよくなじみます。

### 材料（2人分）

小松菜 … ¾束（150g）
油揚げ … 1枚
A｜こんぶだし … 1カップ
　｜しょうゆ … 大さじ1
　｜酒 … 大さじ1
ゆずこしょう … 小さじ¼

加熱ムラができないように、茎と葉は時間差をつけてゆでます。

### 作り方

1　小松菜は4〜5cm長さに切り、葉と茎に分ける。

2　なべにAを入れて火にかけ、煮立ったら油揚げを入れて2分ほど煮る。小松菜の茎を加えてしんなりするまで煮る。

3　小松菜の茎に火が通ったら葉を加えて1分煮て火を止め、あら熱をとりながら味を含ませる。器に盛り、ゆずこしょうを添える。

### 準備

・小松菜は根元を水につけてシャキッとさせる。
・油揚げは熱湯をかけて油抜きをし、縦半分に切って、端から1cm幅に切る。

# なすときのこの南蛮漬け

なすのやわらかな食感がクセになります。
ピリ辛のさっぱりだれが大好評。

## 材料（2人分）

なす … 小2個（160g）
エリンギ … 大1本（70g）
ぶなしめじ … 小1パック（100g）
揚げ油 … 適量
A　こんぶだし … 大さじ3
　　酢、みりん … 各大さじ2
　　しょうゆ … 大さじ2
　　しょうがのすりおろし … 1かけ分
　　赤とうがらしの小口切り … 1本分
ねぎのせん切り … ½本分

## 作り方

1　ボウルにAを入れてまぜ合わせ、南蛮だれを作る。

2　揚げ油を180度に熱し、なすを入れて2分ほど揚げる。皮の色が鮮やかになったら油をきり、1のたれにつける。エリンギ、しめじも同様に揚げ、油をきってたれにつける。

3　2にねぎを加えてさっとあえ、あら熱がとれたら冷蔵庫で冷やす。

熱々を南蛮だれにつけると味がよくなじみます。

## 準備

・なすは縦半分に切って、皮の面に格子状の切り目を入れる。
・エリンギは縦1cm厚さに切り、格子状の切り目を入れる。長ければ半分に切る。
・ぶなしめじは石づきを除いて食べやすい大きさにほぐす。

# たっぷり薬味の焼きなす
## 豆乳じょうゆあえ

焼いてとろとろにやわらかくなったなすに
豆乳じょうゆをからめると、まろやかさが倍増。
薬味のシャキシャキ感と香りがからんで
あとを引くおいしさです。

**材料（2人分）**
なす … 3個（300g）
A ┃ 豆乳 … 大さじ1.5
　 ┃ しょうゆ … 大さじ1.5
青じそ … 5枚
みょうが … 1個
しょうが … ½かけ
サラダ油 … 適量

> 焦げちゃった！と心配
> するくらい黒くなるま
> で焼いてくださいね。

**作り方**

1 なす全体にサラダ油を薄く塗り、熱した魚焼きグリル（または焼き網）で皮が真っ黒になるまで8～10分焼く。Aはまぜておく。

2 なすが熱いうちに、へたのほうの皮と果肉の間に横から竹ぐしを刺し、はがすようにしてむく。箸で身を食べやすくほぐし、Aを加えてあえる。

3 器に盛って青じそ、みょうが、しょうがをのせる。

**準備**
・なすは縦に2cm間隔で切り目を入れる。
・青じそは細切りにする。
・みょうがは縦半分に切って端から細切りにする。
・しょうがはせん切りにして水にさらし、水けをきる。

## Point

なすは縦に持って、全体に包丁でスーッと切り目を入れます。皮をスムーズにむくためのポイントです。

なすにサラダ油を塗っておくと、火の通りが早いうえに、乾燥しすぎることがないのでジューシーに仕上がります。

竹ぐしを横から刺して、切り目に沿って下に引くようにするときれいにむけます。冷めるとむきにくいので、熱いうちにむくのがコツ。やけどに注意！

# ごぼうとクレソンの塩きんぴら

きんぴらなのに塩味！
ぜひ試してほしいすっきり味のきんぴらです。
ほろ苦さのあるクレソンと合わせたら
あと口がさわやかで、お酒のお供にもおすすめです。

> 白く仕上げたいときは、ささがきにしたらすぐに酢水につけて。

## 材料（2人分）

ごぼう … ½本（80g）
にんじん … 小⅓本（40g）
クレソン … 1束（50g）
酒 … 大さじ2
塩 … 小さじ⅓強
ごま油 … 適量

## 作り方

1 フライパンにごま油を熱し、ごぼうとにんじんを入れていためる。

2 野菜に油がなじんだら酒を振って、さらに1〜2分いためる。全体にしんなりしたら塩を振り入れる。

3 クレソンを加えてさっとまぜる。

## 準備

・ごぼうは皮をこすり洗いし、薄いささがきにする。
・にんじんは、ごぼうと同じ大きさの薄いささがきにする。
・クレソンはざく切りにする。

## Point

クレソンは、風味や食感を生かしたいので、仕上がり直前に加え、さっとまぜ合わせたらすぐに火を止めましょう。

## ほうれんそうと切り干し大根のおひたし

切り干し大根のひなびた味わいが、簡素なほうれんそうのおひたしによく合います。干すことでうまみが凝縮した乾物を使うしみじみおいしい副菜です。

**材料**（2人分）
ほうれんそう … ½束（100g）
切り干し大根 … 7g
A｜こんぶだし … 大さじ1
　｜しょうゆ … 小さじ1
B｜こんぶだし … 大さじ3
　｜しょうゆ … 小さじ2

### 準備
・ほうれんそうは根元を水につけてシャキッとさせる。
・切り干し大根は洗ってざく切りにする。
・A、Bはそれぞれ別にまぜる。

**作り方**

1 なべにたっぷりの湯を沸かし、ほうれんそうを根元から入れ、5秒ほどしたら全体を沈め、すぐに引き上げて冷水にとって冷ます。

2 水けをしっかりとしぼり、バットに入れてAを回しかけて全体になじませる。再び水けをしぼり、3〜4cm長さに切ってボウルに入れる。

3 切り干し大根を加えてあえ、器に盛ってBを回しかける。

### Point

小松菜や菜の花も同じテクニックでおいしいおひたしになります。

ほうれんそうに、こんぶだしで割ったしょうゆをかけて薄く味をつけ、水けをしぼります。これは"しょうゆ洗い"といって、おひたしの基本のテクニックです。

切り干し大根はもどさずにほうれんそうとあえます。調味料の汁けを吸うので味がよくなじみ、パリッとした食感も楽しめます。

18

## 材料（2人分）

きゅうり … 2本（200g）
A | 塩 … 大さじ½
　 | 水 … 1カップ
車麩 … 1個
こんぶだし … 80㎖
B | 酢 … 大さじ1.5
　 | しょうゆ … 小さじ1

## 作り方

1 Aの塩水にきゅうりを入れて10分ほどおく。しんなりしたら、しっかりと水けをしぼる。

2 車麩は水けをしぼり、一口大に切る。もどし汁は大さじ2をとり分けておく。

3 Bと2のもどし汁をまぜ合わせ、1と2の麩を加えてあえる。冷蔵庫で冷やして味をなじませる。

冷やしている間に麩が汁けを吸って味がよくなじみます。

## 準備

・きゅうりは1mm厚さの小口切りにする。
・Aはまぜて塩水を作る。
・車麩はこんぶだしにつけてもどす。

# きゅうりと車麩の酢の物

パリパリのきゅうりと、やさしい口当たりの麩が絶妙なコンビネーション。こんぶだしのうまみをきかせた、すっぱすぎない酢の物です。

# 具だくさん白あえ

とうふにごまの香ばしさをプラスした
昔ながらの素朴な一品です。

**材料**（2人分）
にんじん…⅓本（30g）
しいたけ…1個
こんにゃく…¼枚（50g）
A｜こんぶだし…大さじ4
　｜しょうゆ、みりん
　｜　…各大さじ½
木綿どうふ…½丁（150g）
いり白ごま…大さじ1
しょうゆ…小さじ½

**作り方**

1　なべにAとにんじん、しいたけ、こんにゃくを入れて中火にかける。煮立ったら弱火にし、3分ほど煮て火を止め、そのまま冷めるまでおく。

2　すり鉢にごまを入れて形がなくなるまですり、とうふとしょうゆを加えてしっかりとすりまぜる。

3　キッチンペーパーで1の汁けをふきとり、2に加えてあえる。器に盛って、あれば木の芽を添える。

材料の汁けをとってからあえないと、水っぽくなってしまいます。

**準備**
・にんじんは細切りにする。
・しいたけは石づきを除いて薄切りにする。
・こんにゃくはゆでてアクを抜き、小さめの短冊切りにする。
・木綿どうふはしっかりと水きりをする。

## "小さなひと手間"で野菜の色を生かす

色を生かすということは、野菜本来の風味も引き出されるということ。色鮮やかなおひたしや、里いもの白さを生かした含め煮など、わずかなひと手間で、いつものお料理がひとクラス上の味わいに仕上がります。

### 青菜をゆでる

青菜はゆで方ひとつで風味に大きな差がつきます。コツは、よく煮立った湯で少量ずつ分けてゆでること、ゆで上がったら余熱で色や食感がそこなわれないよう、すぐに冷水につけて冷ますことです。

さやいんげんや絹さやなど、素材によっては水につけず、ざるに上げてうちわなどであおいで手早く冷ますこともあります。

上／一度に大量に入れるとお湯の温度が下がり、再び沸騰するまで時間がかかるので、少量ずつ数回に分けてゆでます。
下／緑色が鮮やかになった瞬間に引き上げ、冷水につけて手早く冷まします。長くつけすぎると風味が落ちるので注意。

### 水につける

野菜は皮をむいたり、切ったりして空気に触れると、酸化作用で変色してきます。これは野菜の持つアクのためです。アクが出る前に、切ったらすぐに水につける、ゆでるなどして、その作用をストップさせます。アクの持つ渋みやえぐみなど雑味も防げます。

アクの強いごぼうやれんこんなどをより白く仕上げたい場合は、酢水（水1ℓに酢大さじ1が目安）につけます。

### レモン汁をかける

アボカドやマッシュルームは切って放置しておくと酸化して茶褐色に変色してきます。これを防ぐため、酸化防止作用のあるレモン汁をかけます。レモンの香りが気になる料理のときは、切ってすぐに調理すればその必要はありません。

### 薄口しょうゆを使う

和食ならではの調理法に、素材の色を生かした含め煮や白煮、青煮などがあります。だしをきかせた煮物ですが、ほんの少ししょうゆの香りをきかせたい場合など、いつもの濃口しょうゆでは素材の色が引き立ちません。そこで登場するのが薄口しょうゆです。

薄口しょうゆは薄い色をしていますが、塩分は濃口しょうゆよりも高めなので、分量に注意しましょう。

第2章

# だしをきかせて ヴィーガン煮物

ふっくらとだしを含ませて煮る、和の煮物。
こんぶだしや精進だし（38ページ参照）など
植物性100％の「ヴィーガンだし」で引き出した
野菜本来のうまみを味わってください。

# ころころ野菜のおでん

具材に肉、魚、卵などを使わないヴィーガンおでん。もの足りなさをまったく感じないのは存在感たっぷりなころころ野菜のおかげ！トマトやかぶの甘みがしみ出た煮汁も味わってください。

## 材料（2人分）

かぶ … 小2個（160g）
里いも … 小2個（60g）
トマト … 小2個（200g）
ブロッコリー … 小½個（100g）
焼きどうふ … ⅔丁（200g）
だしがらこんぶ … 1枚
※10cm角のだしこんぶを煮出したもの。
こんぶだし … 2カップ
A | 酒 … 大さじ1
　 | しょうゆ … 大さじ1

## 作り方

1 なべにかぶ、里いも、焼きどうふ、だしがらこんぶを入れ、こんぶだしを注いで中火にかける。煮立ったら弱火にして5分煮、Aを加えてさらに5分ほど煮る。

2 里いもがやわらかくなったら、トマト、ブロッコリーを加え、さらに3分ほど煮る。

3 器に汁ごと盛り、好みでねりがらしを添える。

## 準備

・かぶは皮をむく。
・里いもは皮をむき、
　塩適量（分量外）をまぶしてもみ、
　洗ってゆでこぼす。
・トマトは湯むきする。
・ブロッコリーは食べやすく分けて
　かためにゆで、湯をきる。
・焼きどうふは食べやすく切る。
・だしがらこんぶは
　2cm幅に切って一結びする。

## Point

里いもの表面にぬめりが残っていると味を含みにくいので、塩もみします。そのあと洗って、下ゆでをします。

ブロッコリーは長く煮ると色が悪くなります。さっと下ゆですることて、ほかの具材と煮る時間を短くできます。

**材料（2人分）**
キャベツ … 小½個（400g）
だしこんぶ
　　… 1枚（10×10cm）
A　水 … 80mℓ
　　酒 … ¼カップ
　　ごま油 … 大さじ1
しょうゆ … 適量

なべにこんぶを敷いて
煮ると、だしいらず。
焦げつき防止にも。

**準備**
・キャベツは縦半分に切り、
　かたい芯だけ除く。

**作り方**

1　なべの底にこんぶを敷き、キャベツ
　を並べて入れ、Aを加える。

2　ふたをして中火にかけ、煮立って湯
　げが出てきたら弱火にし、キャベツ
　がとろけるほどやわらかくなるまで、
　40分ほど煮る。

3　器に盛り、しょうゆを添える。

# とろとろキャベツの和風オイル煮

やわらかなキャベツにごま油の香ばしい香りがからんで、¼個のキャベツも楽々といただけます。

# トマトとクレソンの冷たい煮びたし

トマトの酸味とクレソンのほろ苦さが絶妙のコンビネーションです。上品な塩味で、食材の色合いも自然なまま。冷やして召し上がれ！

## 材料（2人分）

- トマト … 小2個（200g）
- クレソン … 2束（100g）
- A
  - こんぶだし … 1カップ
  - 酒 … 大さじ2
  - 塩 … 小さじ½弱

### 準備

・トマトは湯むきする。
・クレソンはさっとゆで、
　湯をきって長さを半分に切る。

## 作り方

**1** なべにAを合わせてトマトを入れ、中火にかける。煮立ったら弱火にし、2分ほど煮て火を止める。

**2** あら熱がとれたらクレソンを加えて煮汁になじませる。冷蔵庫に入れて冷やし、煮汁ごと器に盛る。

> 熱いうちにクレソンを加えてしまうと、せっかくのグリーンが色あせてしまいます。

# 白菜とがんものいため煮

白菜とがんもがお互いのうまみの相乗効果でおいしさ倍増です。がんもが大きければ二～三つに切って使いましょう。

材料（2人分）
白菜 … 小4枚（260g）
がんもどき … 小4個（60g）
ごま油 … 適量
A｜酒 … 大さじ1⅓
　｜みりん … 大さじ1⅓
　｜しょうゆ … 大さじ1⅓

作り方
1 フライパンにごま油を熱し、白菜を入れて中火でざっといためる。油がなじんだらAを加え、ふたをして弱火にし、5分ほど蒸し煮にする。

2 白菜から水分が出てきたらがんもどきを加え、1分ほど煮る。火を止めてそのまま冷ましながら味を含ませる。

熱々が食べたいときは、冷ましたあと再度あたためるとおいしいですよ。

準備
・白菜は3～4cm幅のざく切りにする。
・がんもどきは熱湯を回しかけて油抜きをする。

# とろーりとうがんと油揚げの煮物

とうがんの透明感を楽しみたいので薄口しょうゆを使います。油揚げのコクがきいた、ごはんにもよく合う味です。

## 材料（2人分）

とうがん…200g
油揚げ…1枚
A｜こんぶだし…1カップ
　｜酒…¼カップ
　｜みりん…大さじ1
　｜薄口しょうゆ…大さじ½
かたくり粉…小さじ⅔
ねぎの小口切り…少々
七味とうがらし…少々

## 作り方

1 なべにAを合わせ、とうがんと油揚げを入れて中火にかける。煮立ったらクッキングシートで落としぶたをし、10分ほど煮る。

2 とうがんがやわらかくなったら、かたくり粉を3倍量の水でといて加えまぜ、とろみをつける。

3 器に盛ってねぎを散らし、七味を振る。

## 準備

・とうがんはピーラーで薄く皮をむき、種とわたを除き、一口大に切る。
・油揚げは熱湯を回しかけて油抜きをし、縦半分に切り端から4～5cm幅に切る。

油揚げは油抜きをしておくと、味が入りやすくなります。

# 揚げ麩の肉じゃが風

肉を使わずに作る、ヴィーガン肉じゃが。素揚げにして甘辛く煮含めた車麩は、肉なんて目じゃないおいしさ。少し煮くずれしたじゃがいもにもしっかり味がなじんで、食欲が刺激され、ごはんがすすむことまちがいなしです。

## 材料（2人分）

じゃがいも … 2個（300g）
玉ねぎ … ½個（100g）
車麩 … 2個
しらたき … 80g
A｜こんぶだし … ¾カップ
　｜酒 … 大さじ3
B｜しょうゆ … 大さじ2
　｜みりん … 大さじ1
サラダ油 … 適量
揚げ油 … 適量
グリーンピース
　（さやから出したもの）… 50g

落としぶたは、穴をあけたクッキングシートでOK!

### 準備

・じゃがいもは皮をむいて
　大きめの乱切りにする。
・玉ねぎは2cm厚さのくし形切りにする。
・車麩は水に10分つけてもどす。
・しらたきは下ゆでをして水けをきり、
　ざく切りにする。
・グリーンピースはゆでて、湯をきる。

## 作り方

1 車麩はしっかりと水けをしぼり、4等分に切る。熱した揚げ油でさっと素揚げし、油をきる。

2 なべにサラダ油を熱し、じゃがいも、玉ねぎ、しらたきをいためる。油がなじんだら1とAを加えて落としぶたをし、13〜14分煮る。

3 じゃがいもがやわらかくなったらBで調味し、なべをときどき揺すりながら汁けがなくなるまで煮る。火を止めてグリーンピースをまぜる。

## Point

車麩は、両手にギュッとはさんで水けをよくしぼります。水分が残っていると油はねするうえ煮ても水っぽくなり、味の含みも悪くなりがちです。

## 根菜と高野どうふの含め煮

だしを使わず、乾物のもどし汁でやさしい味に仕上げます。
野菜のうまみを吸った高野どうふの味はたまりません。

### 材料（2人分）

にんじん…大⅓本（60g）
れんこん…⅓節（60g）
絹さや…6枚
高野どうふ…2個
干ししいたけ…4個
A｜酒…大さじ2
　｜みりん、しょうゆ
　｜　…各大さじ1⅓

### 作り方

1 なべに水2カップと干ししいたけを入れて弱火で加熱し、しいたけがやわらかくなったらとり出し、軸を除いて食べやすく切る。

2 1の煮汁にAを加え、高野どうふ、しいたけ、にんじん、れんこんを加えて中火にかける。

3 煮立ったら弱火にして10分煮る。煮汁が少なくなってきたら絹さやを加えて火を止める。あら熱がとれたら、器に彩りよく盛る。

しいたけのもどし汁をそのまま利用するのがコツです。

### 準備

・にんじんは1cm厚さの輪切りに、れんこんは1cm厚さの半月切りにする。
・絹さやは筋をとり、さっとゆでる。
・高野どうふは袋の表示どおりにもどし、水けをしぼって一口大に切る。

# カラフル野菜とひじきのいり煮

ちょっと残った野菜でもおいしく作れます。ひじきはもどさなくても加熱しながら自然に汁けを吸わせるとふっくらと仕上がります。

## 材料（2人分）

ピーマン … 1個
パプリカ（赤、黄）… 各¼個
にんじん … ⅓本（30g）
ごぼう … ⅓本（30g）
芽ひじき … 15g
オリーブ油 … 適量
A｜水 … 大さじ3
　｜酒、しょうゆ … 各大さじ1
　｜みりん … 大さじ½

## 作り方

1 フライパンにオリーブ油を熱し、ひじき、準備した野菜を入れていためる。

2 全体に油がなじんだら、Aを加えて全体をまぜ、ふたをして5分加熱する。

3 ごぼうに火が通ったら、ふたをとって火を強め、水分をとばしながらいためる。

> 煮たあとに煮汁の水分をとばして仕上げるのが "いり煮" です。

## 準備

・ピーマン、パプリカはそれぞれ縦に細切りにする。
・にんじん、ごぼうも細切りにする。
・芽ひじきはたっぷりの水でよく洗い、水けをきる。

# かぼちゃのさっぱり塩煮

和食の定番おかず・かぼちゃの煮物もヴィーガン仕立てで。
砂糖は使わず、塩とこんぶだしで
野菜本来の甘さを引き出します。

### 材料（2人分）

かぼちゃ … 300g

A | こんぶだし … ¾カップ
 | 塩 … 小さじ½

煮くずれしにくい皮の
面を下にするのがポイ
ントです。

### 準備

・かぼちゃは種とわたを除き、
　一口大に切って皮をところどころむき、
　面取りをする。

### 作り方

1 なべにかぼちゃを皮を下にして並べ入れ、
　Aを加えてふたをし、中火にかける。

2 煮立ったら弱火にして5分煮、ふたをと
　って、ときどき煮汁をすくって回しかけ
　ながら、煮汁がなくなるまで煮る。

**材料**（2人分）
ごぼう…1本（150g）
梅干し…小2個

**作り方**

1 なべにごぼうと梅干しを入れ、かぶるくらいの水を注いで中火にかけ、梅干しを軽くほぐす。

2 煮立ったら弱火にし、1時間以上、じっくりと煮て味を含ませる。途中、煮汁が少なくなったら、かぶるくらいまで湯を足す。

**準備**
・ごぼうはたわしで皮をこそげとりながら洗い、5cm長さに切る。

ごぼうの風味は皮のそばにあるので、皮は厚くむかないで！

# ごぼうの梅煮

煮れば煮るほど滋味深くおいしくなります。
時間が許せば数時間かけて
コトコト煮てください。

## ゴーヤーと油揚げの甘辛煮

こんぶだしとしょうゆでゴーヤーをいため煮に。
熱々の白いごはんによく合う素朴な煮物です。

### 材料（2人分）

ゴーヤー … ½本（100g）
油揚げ … 1枚
ごま油 … 適量

A | こんぶだし … 80㎖
　 | 酒 … 大さじ3

B | しょうゆ … 大さじ½
　 | みりん … 大さじ½

### 作り方

1 フライパンにごま油を熱し、ゴーヤーをいためる。しんなりしたら油揚げを加えていため合わせ、Aを加えて中火で煮る。

2 煮立ったら弱火にして3分煮、Bを加えてさらに4分煮る。汁けがほぼなくなるまで、いため煮にする。

> ゴーヤーは油でいためると苦みがやわらぎます。

### 準備

・ゴーヤーは縦半分に切って種とわたをかき出し、1cm厚さに切る。
・油揚げは熱湯を回しかけて油抜きをし、縦半分に切って端から1cm幅に切る。

## にんじんといんげんの信田巻き

昔ながらのしみじみとした味わいです。
冷めてもおいしいので、汁けをきればお弁当おかずにも最適。

### 材料（2人分）
にんじん … ⅓本（50g）
さやいんげん … 6本
油揚げ … 2枚
かんぴょう … 15g
A ｜ こんぶだし … 1カップ
　｜ しょうゆ、酒 … 各大さじ1
　｜ みりん … 大さじ½

### 準備
・にんじんは1cm角の棒状に切り、
　さやいんげんはへたを除き、
　各2分ほどゆでる。
・油揚げはさっとゆでて湯をきる。
・かんぴょうは水につけて
　塩適量（分量外）を振り、
　手でもんで洗い、8等分に切る。

### 作り方
1 油揚げは長い1辺を残し、3辺
　を少し切り落として1枚に開く。

2 1を内側を上にして横に広げ、
　にんじん、いんげんの各半量を
　のせて手前からくるくると巻く。
　かんぴょうを等間隔に4カ所巻
　きつけて結ぶ。同様にもう1本
　作る。

3 なべに2とAを入れて中火にか
　け、ときどき上下を返しながら
　7〜8分煮る。煮汁につけたま
　まあら熱をとり、4等分に切る。

味ムラができないように、途中1〜2回転がして味を含ませます。

乾物を使った風味豊かな″精進だし″と、
上品なうまみの″こんぶだし″をご紹介します。
この本で″こんぶだし″と表記されているだしはすべて、
この″精進だし″で作ってもおいしくできます。

# 精進だし

うまみや栄養が凝縮された乾物たちが大いに
力を発揮して、深い味わいを生み出してくれ
ます。煮物や汁物はもちろん、あえ物やたれ
などに使うと、コクが増します。

**材料**（作りやすい分量・でき上がり約700㎖）
干ししいたけ … 2個
切り干し大根 … 3g
かんぴょう … 10g
小豆（乾燥） … 10g
大豆（乾燥） … 15g
だしこんぶ … 10g（10cm角1枚）
水 … 1ℓ

**準備**
・だしこんぶ以外の乾物、豆は、
　さっと洗う。
・だしこんぶはかたくしぼった
　ふきんで軽くふいて、
　はさみで数カ所に切り目を入れる。

**作り方**
1 なべにすべての材料を入れて、一昼夜
　つけておく。
2 1のなべを中火にかけ、煮立つ直前ま
　で加熱し、アクをとって弱火にし、
　20分煮る。
3 ざるを使ってこす。

> だしがらのこんぶ、しいた
> けはつくだ煮に、かんぴょ
> うや切り干しは煮物に、豆
> 類はサラダなどに再利用を。

# こんぶだし

ヴィーガン和食の基本のだし。野菜の風味を
邪魔せず、見えないところでしっかり料理の
味を支えてくれるのがこんぶだしです。てい
ねいにとったこんぶだしは、削り節やいりこ
など動物性の材料でとるだしに引けをとらな
い豊かな味わいです。

**材料**（作りやすい分量・でき上がり約850㎖）
だしこんぶ … 20〜30g（10cm角2〜3枚）
水 … 1ℓ

**準備**
・だしこんぶはかたくしぼった
　ふきんで軽くふいて、
　はさみで数カ所に切り目を入れる。

**作り方**
1 なべにこんぶと水を入れ、1時間から
　一晩つけておく。
2 1のなべを弱火にかけ、煮立つ直前に
　こんぶをとり出す。

> 時間のないときは、一
> 晩つけずに、とろ火に
> かけてゆっくり煮出し
> てください。

第3章

# 野菜の甘みが際立つ ヴィーガン焼き物

ほとんど手を加えず、グリルやフライパンでこんがり焼くだけ。なのに、かえって野菜の自然な甘みを感じられるのはヴィーガンレシピならではです。

# 根菜としめじのホイル蒸し にんにくソース

蒸し器いらずのホイル蒸し。フライパンで手軽に作れます。野菜はよけいな味つけをせずに蒸すだけ。白みそ&豆乳の上品な甘みに、にんにくの香りをきかせたコクのあるソースでいただきます。

## 材料（2人分）
にんじん … 大⅓本（60g）
大根 … 3cm（100g）
ブロッコリー … 小½個（100g）
ぶなしめじ … 小1パック（100g）
酒 … 大さじ2
A｜にんにくのすりおろし
　　 … 小さじ¼
　│白みそ … 大さじ2
　│豆乳 … 大さじ2
　│酢 … 大さじ1

## 作り方

1　アルミホイルに準備した野菜としめじの各半量をのせ、酒大さじ1を振って包み、しっかりと閉じる。同様にもう1個作る。

2　フライパンに並べ入れ、ふたをして中火にかける。しっかりあたたまったら弱火にし、10分ほど蒸し焼きにする。Aはよくまぜ合わせ、ソースを作る。

3　ホイルを開いて器に盛り、ソースを添える。

蒸気を逃がさないように、フライパンにふたをするのを忘れずに。

## 準備
・にんじんは6〜7mm厚さの輪切りにする。
・大根は6〜7mm厚さの半月切りにする。
・ブロッコリーは一口大の小房に分ける。
・ぶなしめじは石づきを除いて一口大の小房に分ける。

### Point

水は使わずに、お酒と野菜の水分だけで蒸します。蒸気を逃がさないように、ホイルをしっかり閉じるのがコツです。

## 材料（2人分）

エリンギ … 3本（150g）
セロリ … 2本（150g）
かたくり粉 … 適量
ごま油 … 適量
A｜しょうがのすりおろし
　　… 大さじ1
　｜酒 … 大さじ2
　｜しょうゆ … 大さじ2
　｜みりん … 大さじ1

## 作り方

1 エリンギとセロリはそれぞれかたく
　り粉を薄くまぶす。

2 フライパンにごま油を熱し、1を並
　べ入れて中火で焼く。焼き色がつい
　たら上下を返して両面に焼き色をつ
　ける。

3 Aを回し入れ、汁けをとばしながら
　全体に味をからめる。

## 準備

・エリンギは縦に8mm厚さに切る。
・セロリは5〜6cm長さに切って、
　8mm厚さのそぎ切りにする。
・Aはまぜる。

少し大きめに切ると食
べごたえが出て、食感
のよさも楽しめます。

# エリンギとセロリの
# しょうが焼き

豚肉を使わない、ヴィーガン仕立てのしょうが焼き。
エリンギの食感に、セロリの香りとしょうがの風味がプラスされて、
おかわり必至のおいしさに。

# 大根のてりてり照り焼き

肉のかわりに厚切り大根で作る、和風ステーキ。
ごま油の香ばしさとたれがからんで、深い味わいです。

**材料**（2人分）
大根 … 8cm（300g）
ごま油 … 適量
A｜しょうゆ … 大さじ1
　｜みりん … 大さじ1
　｜酒 … 大さじ1

**作り方**

1　フライパンにごま油を熱して大根を並べ入れ、中火で焼く。焼き色がついたら上下を返し、ふたをして弱火にし、20〜25分蒸し焼きにする。

2　大根に竹ぐしを刺してスーッと通るくらいにやわらかくなったら、Aを回し入れ、大根にからめながら照りが出るまで煮詰める。

> 大根がやわらかくなってから調味すると味がよくしみます。

3　器に盛って、好みの野菜を添える。

**準備**
・大根は皮をむいて厚みを半分に切る。
・Aはまぜる。

材料（2人分）

長いも … 10cm（200g）

A｜白みそ … 100g
　｜みりん … 大さじ1
　｜酒 … 大さじ½

青じそ … 適量

大根おろし … 適量

みそを洗い流してしまうと香ばしさが半減するので、軽くこすり落とす程度に。

準備

・長いもは皮をむき、
　縦半分に切る。

作り方

1 Aをまぜ合わせ、長いもとともに保存袋に入れる。全体にみそをなじませ、冷蔵庫に入れて一晩漬ける。

2 長いもについたみそを軽く落とし、熱した魚焼きグリルの弱火で6分ほど焼く。

3 器に青じそを敷き、3を盛って大根おろしを添える。好みでしょうゆを振る。

# 長いものサクッと白みそ焼き

口に含むとサクッと音がして、ほんのり白みその風味が広がる、大人の味わいです。お酒のお供にもおすすめ。

# まるごと里いもの みそくし焼き

見た目もかわいい、小ぶりの里いもをこんがりと焼いて。ちょっと甘めのおみその香りが食欲をそそります。

## 材料（2人分）

里いも … 極小12個（300g）

A｜みそ … 大さじ6
　｜みりん … 大さじ3
　｜酒 … 大さじ2

### 準備

・里いもは皮をむき、塩適量（分量外）でもみ、洗い流す。ゆでて水けをきる。

やわらかくゆでる前に、さっとゆでこぼして表面のぬめりをとります。

## 作り方

1 里いもはなべに入れ、かぶるくらいの水を注いでゆでる。竹ぐしを刺してみて、スーッと通るまでやわらかくなったら、ざるに上げて水けをきる。

2 小さめのなべにAを入れて弱火にかけ、とろりとするまでねりながら加熱し、みそだれを作る。

3 里いもを金ぐしに3個ずつ刺し、熱した焼き網にのせ、強火で焼き色がつくまで1〜2分焼く。2のねりみそを等分に塗る。

# 焼きねぎの塩レモン風味

じっくりと焼いたねぎがこんなにもおいしいなんて！とろとろねぎの甘みとレモンのさわやかな酸味は最上のコンビです。

**材料（2人分）**
ねぎ … 大2本（200g）
サラダ油 … 少々
塩 … 適量
レモンのくし形切り
　… 適量

じっくりと蒸し焼きにすると、内側はとろとろに仕上がります。

**準備**
・ねぎは5cm長さに切る。

**作り方**

1 フライパンにサラダ油を熱し、ねぎを並べ入れてふたをし、弱火で5〜6分蒸し焼きにする。

2 火が通ってやわらかくなったら強火にし、転がしながら焼き色をつける。

3 器に2を盛って、熱いうちにレモンをしぼりかけ、塩を振る。

# 焼きアボカドのわさびソース

アボカドを皮ごと焼いて表面に焼き色をつければ完成。ソースは、くるみの食感をアクセントにした、わさび＆しょうゆで。

### 材料（2人分）

アボカド … 1個（200g）

A｜オリーブ油 … 大さじ1
　｜しょうゆ … 小さじ2
　｜ねりわさび … 小さじ½
　｜くるみ（無塩）… 5粒（15g）

> くるみは殻をむいたもので、塩などで調味してないものを用意して。

### 作り方

1　Aをよくまぜ合わせる。

2　アボカドは皮をつけたまま、熱した魚焼きグリルに入れ、焼き色がつくまで弱火で6〜7分焼く。

3　器に盛り、アボカドのくぼみ部分に1のソースを入れる。

### 準備

・アボカドは縦に1周切り込みを入れ、左右にねじって半分にする。種は包丁を刺してねじりとる。

・くるみはあらく刻む。

## 材料（2人分）

枝豆…20さや（70g）

そら豆…6さや（260g）

グリーンピース

　…10さや（100g）

塩…適量

枝豆の表面のうぶ毛は
塩でもんで洗い流しま
す。

## 準備

・枝豆は塩適量を振ってもみ込み、
　洗い流して水けをきり、
　再び塩適量をまぶす。

## 作り方

**1** 熱した魚焼きグリルに豆を並べ、弱
火で皮が焦げるくらいまで7〜8分
焼く。

**2** 器に盛って塩を添え、好みでレモン
をしぼる。

# 緑のさや豆
# 3種焼き

さやごとグリルに入れるだけ。
何もつけなくても美味ですが、
塩を振ったり、レモンをしぼったり、お好みでどうぞ。

# ししとうの昔ながらの焼きびたし

ししとうがらしのほろ苦さには、
だしとしょうゆの簡素な味つけがよく合います。
食材の個性をとことん味わってください。

## 材料（2人分）

ししとうがらし
　…大1パック（100g）

A｜こんぶだし…大さじ2
　｜しょうゆ…大さじ2

## 作り方

1　ししとうは熱した魚焼きグリルに入れ、弱火で焼き色がつくまで6分ほど焼く。

2　熱いうちに保存容器に入れ、Aを回しかけ、冷めるまでおいて味をなじませる。保存するときは、完全に冷めてからふたをして冷蔵庫へ。

常備菜として3〜4日間はおいしくいただけます。

## 準備

・ししとうがらしはへたの先端を少し切り、包丁の先で数ヵ所に切り込みを入れる。
・Aはまぜる。

# ヴィーガン和食の風味をアップ 香り塩

サラダはもちろん、温野菜やいため物、湯どうふや冷ややっこなどにも便利な香り豊かなお塩です。ほんのひと振りするだけで、食材の風味が引き立ちます。塩をフライパンでいってから使うと、よりサラリと仕上がります。

## ソテーや いため物に最適
## パセリ塩

**材料**（作りやすい分量）
パセリ … 大½束
（かたい茎を除いて25g）
塩 … 小さじ1

**作り方**
1 パセリは水けをよくふく。
2 120度に熱したオーブンの天板にのせ、しっかり乾燥するまで25〜30分熱する。
3 冷めたら、手でこまかく砕いて塩とまぜる。

## 特有のやさしい 辛みが大人気
## しょうが塩

**材料**（作りやすい分量）
しょうが … 120g
塩 … 小さじ1

**作り方**
1 しょうがはみじん切りにする。
2 120度に熱したオーブンの天板に広げてのせ、しっかり乾燥するまで25〜30分熱する。
3 冷めたら、塩とまぜる。

## なべ物や蒸し物に ひと振り
## ゆず塩

**材料**（作りやすい分量）
ゆずの皮 … 2個分
塩 … 小さじ1

**作り方**
1 ゆずの皮はすりおろして大さじ2程度用意する。
2 フライパンに入れて弱火にかけ、サラサラになるまでいる。
3 冷めたら、塩とまぜる。

## さわやかな香りで 風味づけに
## 青じそ塩

**材料**（作りやすい分量）
青じそ … 4束（40枚）
塩 … 小さじ1

**作り方**
1 青じそはかたい軸を除き、水けをよくふく。
2 120度に熱したオーブンの天板に広げてのせ、しっかり乾燥するまで25〜30分熱する。
3 冷めたら、手でこまかく砕いて塩とまぜる。

## ほのかな酸味の すっきり味が◎！
## レモンピール塩

**材料**（作りやすい分量）
レモンの皮 … 2個分
塩 … 小さじ1

**作り方**
1 レモンの皮はすりおろして大さじ2程度用意する。
2 フライパンに入れて弱火にかけ、サラサラになるまでいる。
3 冷めたら、塩とまぜる。

# 第4章

## 油が野菜の味を引き立てる ヴィーガン揚げ物

野菜と油はとても相性がよく、野菜のアクを抑えてうまみだけを残してくれます。ふだんは揚げ物にしない大根やトマトも揚げることで新しいおいしさに出会えます。

## お好み野菜のみそくし揚げ

野菜にみそをからめてパン粉衣でカラリと揚げました。素朴なみその風味があとを引くおいしさで、ソースいらずです。

### 材料（2人分）

グリーンアスパラガス … 1本
オクラ … 2本
ししとうがらし … 6本
ミニトマト … 大4個
みそ … 大さじ2
小麦粉 … 適量
A｜小麦粉 … 大さじ3
　｜水 … 大さじ3
パン粉 … 適量
揚げ油 … 適量

### 作り方

1 準備した野菜をボウルに入れ、みそを加えて全体にからめ、5分ほどおいて味をなじませる。

2 1にそれぞれ小麦粉を薄くまぶし、Aをからめてパン粉をしっかりとつけ、順に竹ぐしに刺す。

3 揚げ油を180度に熱し、2を入れてカラリとするまで2分ほど揚げ、油をきる。

### 準備

・アスパラガスは根元のかたい部分を除き、長さを4等分に切る。
・オクラはがくを除く。
・ししとうがらしはへたの先端を少し切り、包丁の先で数カ所に切り込みを入れる。
・ミニトマトはへたをとってようじで数カ所に穴をあける。
・Aはまぜる。

加熱ムラがないように、同じくらいの大きさで準備します。

## 揚げだし風ポン酢大根

じっくりゆっくり揚げて大根の甘みを引き出せば、
ポン酢やしょうゆをかけるだけで、深い味わいの一品に。

**材料**（2人分）
大根 … ½本（500g）
揚げ油 … 適量
ポン酢しょうゆ … 適量
万能ねぎ … 少々

> 揚げる前に大根の水け
> をよくふいておきまし
> ょう。

**作り方**

1 揚げ油を140度に熱し、大根を入れて10
  分くらいかけてじっくりと揚げる。竹ぐ
  しを刺して、スーッと通るまで揚げ、油
  をきる。

2 器に盛り、大根おろしをのせてポン酢し
  ょうゆをかけ、万能ねぎの斜め切りを添
  える。好みで、ポン酢にかえてしょうゆ
  を振っても。

**準備**
・大根は、半量は皮をむいて
  4cm厚さの輪切りにし、
  面取りをして10分ほど
  下ゆでする。残りはすりおろす。

## 材料（2人分）

れんこん … 2節（360g）
かたくり粉 … 大さじ3
塩 … 小さじ⅓強
揚げ油 … 適量
A | 酒 … 大さじ1.5
　 | しょうゆ … 大さじ1.5

おろしたれんこんの汁けは、あとで調味料と合わせて使います。

## 準備

・れんこんは
　皮をむいてすりおろす。

## 作り方

1 すりおろしたれんこんはざるに上げて軽く汁けをきり、ボウルに入れる。汁は別にとっておく。

2 1のボウルにかたくり粉、塩を加えてよくまぜ、一口大に丸める。揚げ油を180度に熱してカラリとするまで揚げ、油をきって器に盛る。

3 小なべにAと1のれんこんの汁けを入れて火にかけ、一煮立ちさせてとろみをつけ、火を止めて3にかける。

# もちもちれんこんもち

しょうゆ味がからんだ表面はカリッと香ばしく、食べたらもっちり！驚きの新食感をぜひ味わってください。

# れんこんのはさみ揚げ

肉のように見えて、はさんだ具は野菜ときのこだけ。分厚く切ったれんこんではさめばボリューム感たっぷりです。

## 材料（2人分）

- れんこん…6cm
  （直径6〜7cmのもの、150g）
- しいたけ…3個
- しょうゆ…小さじ1.5弱
- A
  - しょうがのみじん切り
    …2かけ分
  - ねぎのみじん切り
    …7.5cm分
  - れんこんのすりおろし
    …40g
  - かたくり粉…大さじ1
- かたくり粉…適量
- 揚げ油…適量

## 準備

・れんこんは皮をむいて1.5cm厚さの輪切りにする。
・しいたけは石づきを除いてみじん切りにする。

## 作り方

**1** しいたけはボウルに入れてしょうゆをまぜ、手でギュッギュッともみ込む。水けを軽くしぼり、Aを加えてよくまぜる。

**2** れんこんの切り口の片面にかたくり粉をまぶし、1の半量をのせる。もう1切れのれんこんの片面にもかたくり粉をまぶしてはさむ。同様に2組作り、それぞれ全体に薄くかたくり粉をまぶす。

**3** 揚げ油を170度に熱し、2を入れてカラリとするまで4〜5分揚げ、油をきる。

しいたけにしょうゆをもみ込むと風味、食感ともにアップします。

## しいたけの竜田揚げ

食材の味をストレートに楽しむのもヴィーガン和食の醍醐味。ごま油&しょうがの風味が引き立て役です。

### 材料（2人分）

しいたけ（肉厚のもの）… 大8個
A | 酒… 大さじ1
　 | しょうゆ… 大さじ1
　 | しょうがのしぼり汁
　 | 　… 1かけ分
かたくり粉… 適量
ごま油… 適量

薄いしいたけでは、独特のシコッとした食感は味わえません。

### 準備

・しいたけは石づきを除く。

### 作り方

1 ボウルにAをまぜ合わせてしいたけを入れ、全体にからめて15分おき、味をなじませる。

2 汁けを軽くきってかたくり粉をまぶし、180度に熱したごま油でカラリとするまで2〜3分揚げる。

3 油をきって器に盛り、すだち、かぼすなど好みのかんきつを添える。

# アスパラガスのくるみ揚げ

アスパラガスは揚げると甘みがグンと増します。くるみの香ばしさと心地よい食感をプラスすれば、やみつきになるおいしさです。

## 材料（2人分）

グリーンアスパラガス
… 1束（100g）

A｜小麦粉… 大さじ3
　｜水… 大さじ2

くるみ（無塩）… 15粒
揚げ油… 適量
塩、あらびき黒こしょう
… 各適量

## 作り方

1 ボウルにAをまぜ合わせ、アスパラガスを入れて全体にからめる。

2 1にくるみをしっかりとまぶしつける。

3 揚げ油を180度に熱し、2を入れてカラリとするまで2分ほど揚げる。油をきって器に盛り、塩とあらびき黒こしょうを振る。

## 準備

・アスパラガスは
　根元のかたい部分を除く。

・くるみはあらく刻む。

あらびき黒こしょうを振ると、素朴な揚げ物もグンと洗練された味わいに。

# 簡単手作り 野菜で作る ごはんのお供

湯げが立ちのぼる熱々の白いごはんにひと振り、素朴な風味がうれしい野菜のふりかけやつくだ煮です。手作りすれば好みの味かげんで、添加物などの心配もなく安心です。

## にんじんが苦手な人にもおすすめ!
## にんじんとごまのふりかけ

**材料**（作りやすい分量）
にんじん … 小1本（120g）
塩 … 小さじ¼
ごま油 … 小さじ2
いり白ごま … 大さじ3
A｜酒 … 大さじ3
　｜しょうゆ … 大さじ½

**作り方**
1 にんじんは細切りにし、塩をまぶして3分ほどおき、水けをしぼる。ごまは包丁で刻む。
2 フライパンにごま油を熱し、にんじんを入れて中火でいためる。油がなじんだらAとごまを振り入れ、汁けがなくなるまでいりつける。
3 冷めたら保存容器に入れ、冷蔵保存する。★冷蔵保存5日間。

## しょうがの風味をピリッときかせて
## セロリとしょうがの甘辛ふりかけ

**材料**（作りやすい分量）
セロリ … 大1本（100g）
しょうが … 1かけ
ごま油 … 小さじ2
A｜酒 … 大さじ1
　｜みりん … 大さじ1
　｜しょうゆ … 大さじ1

**作り方**
1 セロリはあらいみじん切りにする。しょうがはみじん切りにする。
2 フライパンにごま油を熱し、1を入れて中火でいためる。しんなりしたらAで調味し、弱火にして汁けがなくなるまでいりつける。
3 冷めたら保存容器に入れ、冷蔵保存する。★冷蔵保存5日間。

## 食欲をそそる香りでごはんとの相性抜群!
## 揚げねぎの香ばしいふりかけ

**材料**（作りやすい分量）
ねぎ … 大1本（100g）
揚げ油 … 適量
しょうゆ … 大さじ½

**作り方**
1 ねぎは小口切りにする。
2 揚げ油を160度に熱し、ねぎを入れて少し焦げ色がつくまで揚げ、油をきってしょうゆをまぶす。
3 冷めたら保存容器に入れ、冷蔵保存する。★冷蔵保存5日間。

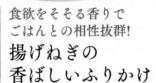

## ししとうのほろ苦さがクセになりそう
## ししとうがらしのつくだ煮

**材料**（作りやすい分量）
ししとうがらし … 大2パック（200g）
しょうが … 1かけ
ごま油 … 小さじ2
A｜みりん … 大さじ2
　｜酒 … 大さじ2
　｜しょうゆ … 大さじ2

**作り方**
1 ししとうは小口切りにする。しょうがはみじん切りにする。
2 フライパンにごま油を熱し、1を入れて中火でいためる。しんなりしたらAで調味し、汁けがほぼなくなるまでいため煮にする。好みで七味とうがらしを振る。
3 冷めたら保存容器に入れ、冷蔵保存する。★冷蔵保存5日間。

第5章

# 多彩な味つけで楽しみたい ヴィーガンいため物

野菜の組み合わせや味つけ、切り方などで
食感や風味の変化が味わえるのがいため物です。
肉、魚、卵などを使わないヴィーガンレシピでも
大満足の味わいを堪能してください。

## ゆずこしょう風味の和風野菜いため

ゆずの香りとさわやかなピリ辛味で、
いつもの野菜いためとはひと味違う新鮮なおいしさです。

### 材料（2人分）

にんじん…小⅓本（40g）
大根…2cm（60g）
玉ねぎ…⅓個（60g）
ピーマン…2個（40g）
しいたけ…2個
キャベツ…2枚（100g）
カットわかめ…大さじ2
ごま油…大さじ1
A｜ゆずこしょう…小さじ½
　｜しょうゆ…小さじ2
　｜酒…大さじ4

### 作り方

**1** フライパンにごま油を熱し、にんじん、大根、玉ねぎ、ピーマン、しいたけ、キャベツの順にいため、わかめももどさずに加えて油がなじむまで強火でいため合わせる。

**2** 全体にしんなりしたら、Aを回し入れ、汁けがなくなるまでいためる。

> わかめは野菜の水分を吸ってやわらかくなるので、もどさずに加えます。

### 準備

・玉ねぎは1cm厚さのくし形切りにする。
・大根、にんじんは短冊切りにする。
・ピーマンは一口大の乱切りにする。
・しいたけは石づきを除いて薄切りにする。
・キャベツはざく切りにする。
・Aはまぜる。
・カットわかめはさっと洗う。

# 根菜のみそきんぴら

滋味豊かな根菜には、みその風味がよく合います。飽きのこないほっとする味で、くり返し作りたいおかずです。

## 材料（2人分）

ごぼう…½本（75g）
れんこん…½節（75g）
にんじん…⅓本（50g）
にんにくの細切り…1かけ分
赤とうがらし…1本
ごま油…大さじ1
酒…大さじ2
みそ…大さじ1

## 作り方

**1** フライパンにごま油を熱し、にんにく、ごぼう、れんこん、にんじんの順にいため、赤とうがらしを加え、油がなじむまで強火でいためる。

**2** 酒を振っていためながらアルコール分をとばし、しんなりしてきたらみそを加えていため合わせる。

酒を振ることで、早く火が通り、うまみもアップします。

## 準備

・ごぼうは皮をこすり洗いし、斜め薄切りにする。
・れんこんは2〜3mm厚さの半月切りにする。大きいものはいちょう切りに。
・にんじんは短冊切りにする。
・赤とうがらしはへたをちぎって種を除く。

# 大根とわかめの塩レモンいため

レモンの香りと酸味で、いため物とは思えないさわやかさ。磯の香りもふわっと漂います。

## 材料（2人分）
大根 … 6cm（200g）
大根の葉 … 50g
カットわかめ … 5g
サラダ油 … 大さじ1
塩 … 小さじ¼強
レモンのしぼり汁
　　… 大さじ1

## 作り方

1 フライパンにサラダ油を熱し、塩を加えてなじませ、大根、大根の葉を強火でいためる。

2 大根がしんなりしたら、カットわかめと水¼カップを加えて全体をまぜ合わせ、さらに1分ほどいためる。

3 わかめがやわらかくなったらレモンのしぼり汁を回しかけてさっとまぜ、火を止める。

レモン汁を加えたら手早くまぜてすぐに火を止め、香りと酸味を生かします。

## 準備
・大根は短冊切りにする。
・大根の葉は2cm幅に刻む。
・カットわかめはさっと洗う。

# なすとピーマンのみそいため

和の野菜料理の定番中の定番！
焦がしたり、油っぽくなったり、
そんな失敗なしの簡単レシピです。

## 材料（2人分）

なす … 2個（200g）
ピーマン … 4個（120g）
赤とうがらし … 1本
サラダ油 … 大さじ1
A｜みそ … 大さじ1.5
　｜酒 … 大さじ1.5
　｜みりん … 大さじ1.5

## 作り方

1 フライパンにサラダ油を熱し、なすを入れて強火でいため、水大さじ2を振ってふたをし、2分ほど強めの弱火で蒸し焼きにする。

2 ふたをとり、ピーマンと赤とうがらしを加え、さらに水大さじ2を加えてふたをし、3分ほど蒸し焼きにする。

3 野菜に火が通ったらAを加え、水けをとばしながらよくまぜていため合わせる。

水を補って蒸し焼きにすると油を吸いすぎず、少量の油でもふっくら火が通ります。

## 準備

・なす、ピーマンは、
　それぞれ一口大の乱切りにする。
・赤とうがらしは半分にちぎって種を除く。
・Aはまぜる。

# 昔ながらのいためなます

家にある野菜でアレンジOK。少し多めに作っておけば、常備菜としても重宝します。

## 材料（2人分）

- ごぼう … ⅓本（50g）
- にんじん … 小⅙本（20g）
- れんこん … ⅓節（50g）
- 大根 … 1.5cm（50g）
- しいたけ … 1個
- サラダ油 … 大さじ1
- 油揚げ … ½枚
- A
  - 酢 … 大さじ2
  - みりん … 大さじ2
  - 塩 … 小さじ¼
  - 水 … 小さじ2
- ぎんなん（ゆでたもの） … 8粒

## 作り方

1 フライパンにサラダ油を熱し、ごぼう、にんじん、れんこん、大根、しいたけの順に加え、中火でいため合わせる。

2 全体がしんなりしたら油揚げを加えてさっとまぜ、A、ぎんなんを加えて一煮立ちさせる。

3 バットにとり出して広げ、手早く冷ます。

野菜はお好みで、全部がそろわなくてもOKです。

## 準備

- ・大根、にんじんは短冊切りにする。
- ・れんこんは薄いいちょう切りにする。
- ・ごぼうは斜め薄切りにする。
- ・しいたけは石づきを除いて薄切りにする。
- ・油揚げは熱湯をかけて油抜きをし、縦半分に切って端から2cm幅に切る。
- ・Aはまぜる。

# なすのソテー ふるふるあんかけ

野菜たっぷりのあんにとうふを加えて、なすのソテーにかけていただきます。

## 材料（2人分）

なす … 小3個（240g）
小麦粉 … 適量
A ┃ 玉ねぎ … ¼個（50g）
　 ┃ トマト … 小½個（50g）
　 ┃ ピーマン … 1個（30g）
こんぶだし … 110㎖
B ┃ 酒、みりん … 各小さじ2
　 ┃ しょうゆ … 小さじ2
サラダ油 … 大さじ1⅔
絹ごしどうふ … 80g
かたくり粉 … 小さじ1

## 作り方

**1** なすに小麦粉をまぶす。フライパンにサラダ油大さじ1を熱し、なすを入れて中火で4〜5分焼く。両面がこんがりして、箸ではさんでやわらかければ、器に盛る。

**2** フライパンをふいて、残りのサラダ油を熱し、Aをいためる。油がなじんだらこんぶだしを注いで1分ほど煮、Bで調味する。

**3** 2に絹ごしどうふをこまかくくずしながら加えてまぜる。かたくり粉を3倍量の水でといて加え、とろみがついたら、1のなすにかける。

## 準備

・なすは縦半分に切って、果肉の面に格子状に切り目を入れる。

　　火が通りやすいように、なすにこまかく切り目を入れておきます。

・Aの玉ねぎ、トマト、ピーマンは、それぞれ1cm角に切る。

通気がよいように、ざるなどにのせて日に当てます。

## 味・香り・栄養が凝縮
## 野菜の乾物

乾物は、先人の知恵が生んだ日本の伝統的な食材です。干すことで、余分な水分が抜け、長く保存ができて、味と栄養が充実するなど、いいことずくめ！もっと気軽に毎日の食事にとり入れましょう。

### 干ししいたけは日光に当てて栄養アップ！

　もう干してあるから十分では？と思われるでしょうが、日に当てることでさらにビタミンDの含有量がふえるのです。もどす前に、窓辺において1時間ほどひなたぼっこさせてあげてください。

### もどさずに調理してうまみを逃がさない！

　乾物はもどすのが面倒で敬遠されがち。実はもどさなくてもおいしく調理できる方法があります。調理しながら水分を含ませていけばよいのですから、みそ汁や煮物に直接入れてしまいます。もどし汁にうまみが出てしまうこともなく、乾物の風味がまるごと味わえます。干ししいたけも薄切りタイプなら、乾燥したまま炊き込みごはんや汁物に利用できます。

左／切り干し大根はさっと洗ってそのままみそ汁へ。やわらかくなるとともに、汁にうまみが出るので、だしを使わなくてもおいしくなります。
右／無漂白のかんぴょうなら、食べやすく切ってそのままなべに加えてOK。煮汁を吸って自然にふっくら食感に。

# 第6章

# 食材の味を生かす ヴィーガンあえ物

滋味豊かな野菜の風味を味わいたいなら
あえ物がおすすめです。酢やごま、わさびなど、
和ならではのすばらしい脇役たちが力を発揮して
野菜をいっそうおいしくしてくれます。

# 緑の野菜の ごまあえ3種

ごまは〝いりたて〟〝すりたて〟が一番！

ぜひ、ご自分でいって、すりごまを作るところからトライしてみてください。

台所いっぱいに香ばしい香りが漂って、幸せな気分になります。

あえ衣に、お好みでゆずや七味を加えれば、自分流のアレンジも楽しめます。

## さやいんげんの ごまあえ

### 材料（2人分）
さやいんげん … 100g
白ごま … 大さじ2
A｜みりん … 小さじ1
　｜しょうゆ … 小さじ1

#### 準備
・さやいんげんは
　へたを除く。

### 作り方
1 たっぷりの湯を沸かし、いんげんを入れて2分ゆで、冷水にとって冷まし、水けをきって3〜4cm長さに切る。

2 フライパンにごまを入れて弱火にかけ、木べらでまぜながらゆっくりと加熱し、香ばしい香りがして色づいたらとり出す。

3 すり鉢に2を入れ、油分が出てしっとりとするまですりこぎでする。Aを加えてまぜ合わせ、あえ衣を作り、いんげんをあえる。

## アスパラガスの ゆず風味のごまあえ

さわやかなゆずの香りを添えて

### 材料（2人分）
グリーンアスパラガス
　… 4〜5本（100g）
白ごま … 大さじ2
A｜みりん … 小さじ1
　｜しょうゆ … 小さじ1
ゆずの皮の細切り … 少々

#### 準備
・アスパラガスは根元の
　かたい部分を除く。

### 作り方
1 たっぷりの湯を沸かし、アスパラガスを入れて1分ゆで、冷水にとって冷まし、水けをきって4〜5cm長さに切る。

2 「さやいんげんのごまあえ」と同様に、ごまをいってすり、Aをまぜてあえ衣を作り、1をあえる。器に盛ってゆずの皮を散らす。

## オクラの ピリ辛ごまあえ

七味とうがらしをアクセントに

**材料（2人分）**
オクラ … 1パック（100g）
塩 … 少々
白ごま … 大さじ2
A ┃ みりん … 小さじ1
　┃ しょうゆ … 小さじ1
　┃ 七味とうがらし
　┃ 　… 小さじ¼

**準備**
・オクラは塩を
　まぶして板ずりする。

**作り方**

1 たっぷりの湯を沸かし、オクラを入れて1分ゆで、冷水にとって冷まし、水けをきる。かたいがくを削りとり、長さを2～3等分の斜め切りにする。

2 「さやいんげんのごまあえ」と同様に、ごまをいってすり、Aをまぜてあえ衣を作り、1をあえる。

# 小松菜のからしあえ

みずみずしい食感に、からしのすっきりとした辛みがよく合います。野菜そのものの味が堪能できるので、サラダ感覚で楽しめます。

**材料（2人分）**
小松菜 … 1束（200g）
ときがらし … 小さじ1
A｜こんぶだし … ¼カップ
　｜しょうゆ … 大さじ1

市販のねりがらしでもOKですが、粉をといて使うと、辛さも香りもひと味違います。

**準備**
・小松菜は根元を
　水につけ、シャキッ
　とさせる。

**作り方**

1 たっぷりの湯を沸かして小松菜を根元から入れ、一呼吸して全体を沈め、1分ほどゆでて冷水にとり、冷ます。水けをしっかりとしぼり、3〜4cm長さに切る。

2 ときがらしにAを加えてときのばす。
☆ときがらしは、粉がらしにぬるま湯を少量加えてよくかきまぜ、しばらくおいてから使うとよい。

3 バットに1を広げて入れ、2を回しかけて5分おき、味をなじませる。

# うどとセロリの酢みそあえ

シャキシャキの歯ごたえが心地よい、香りの高いふたつの野菜を組み合わせました。白みそのコクと酢のコンビネーションが絶妙な大人の味です。

**材料（2人分）**
うど … ½本（120g）
酢 … 適量
セロリ … 大½本（50g）
A｜白みそ … 大さじ1
　｜酢 … 大さじ1
　｜しょうゆ … 小さじ¼

**作り方**

1 うどは5cm長さに切り、皮を厚めにむく。縦半分に切って縦に薄切りにし、すぐに酢水（水2カップに酢大さじ½の割合）につけ、5分おく。

2 セロリは、うどと大きさをそろえて短冊切りにする。

3 ボウルにAを合わせてよくまぜる。食べる直前に、水けをよくきったうどと、セロリを加えてあえる。

> 必ず、食べる直前にあえること。あえて時間をおくと水っぽくなります。

## 香り野菜のわさびあえ

薬味や添え物として、いつもは脇役の野菜も、さっとゆでてだしをきかせたわさびじょうゆであえれば、おしゃれな一皿に。

**材料（2人分）**
三つ葉 … 2束（120g）
みょうが … 2個（40g）
A｜こんぶだし … 大さじ2
　｜しょうゆ … 小さじ2.5
　｜ねりわさび … 小さじ½

> みょうがもさっとゆでるとアクが抜けてさっぱり風味に。

**準備**
・三つ葉は根元を切り落とす。
・みょうがは斜め薄切りにする。
・Aはまぜる。

**作り方**

1 たっぷりの湯で三つ葉をさっとゆでて冷水にとり、水けをしぼって食べやすく切る。

2 同じ湯を再び煮立たせてみょうがを入れ、10秒ほどで冷水にとり出し、水けをよくきる。

3 ボウルに1と2を合わせ、Aを加えてあえる。

## なめこのみぞれあえ

ゆずこしょうの辛みをきかせた新鮮な味わいです。

**材料（2人分）**
なめこ … 1袋（100g）
大根おろし … 6cm分（200g）
A ┌ 酢 … 大さじ1
　├ 薄口しょうゆ
　│ 　… 小さじ½
　└ ゆずこしょう
　　 … 小さじ¼

**作り方**
1 たっぷりの湯でなめこをさっとゆで、ざるに上げて湯をしっかりときり、冷ます。

2 ボウルに大根おろしとAをまぜ合わせ、1を加えてあえる。

**準備**
・大根おろしはざるに上げて水けをきる。

水けをしっかりきってからあえましょう。

## もやしのごま酢あえ

相性のよいごま＆酢でさっぱりいただきます。

**材料（2人分）**
もやし … 150g
A ┌ すり黒ごま … 大さじ3
　├ 酢 … 大さじ1
　├ しょうゆ … 大さじ½
　└ みりん … 大さじ½

**作り方**
1 たっぷりの湯でもやしをさっとゆで、ざるに上げて湯をしっかりときり、冷ます。

2 ボウルにAをまぜ合わせ、1を加えてあえる。

**準備**
・もやしは根を除く。

ゆですぎは禁物です！

# 細切り野菜と春雨の酢の物

野菜は、ゆでるとかさが減ってたくさん食べられます。好きな野菜を細切りにして試してください。春雨の食感がアクセントです。

## 材料（2人分）

にんじん … 小⅙本（20g）
もやし … 50g
きゅうり … ½本（50g）
青じそ … 5枚
春雨 … 40g
A｜酢 … 大さじ2
　｜塩 … 小さじ¼
　｜薄口しょうゆ
　｜　… 小さじ1
　｜みりん … 大さじ1

## 作り方

1　たっぷりの湯でにんじん、もやしをさっとゆで、ざるに上げて湯をきり、冷ます。

2　春雨は熱湯でゆでて湯をきり、食べやすく切って冷ます。

3　ボウルにAをまぜ合わせ、1、2、きゅうり、青じそを入れてあえる。

> 野菜をゆでた湯で続けてゆでてもOKです。

## 準備

・にんじん、きゅうり、
　青じそは細切りにする。
・もやしは根を除く。

## かぶの紀州あえ

季節のかんきつを使った酢の物です。やさしい酸味とほのかな甘さが、しっくりなじみます。

**材料（2人分）**
かぶ … 大1個（150g）
塩 … 小さじ¼
A｜酢 … 大さじ1
　｜みりん … 大さじ1
夏みかん … ½個（150g）

お好みで甘夏やはっさくなどを使っても。

**準備**
・かぶは皮をむいて
　横に薄切りにする。
・夏みかんは皮をむき、
　薄皮も除いて実をとり出し、
　ほぐす。

**作り方**
1 ボウルにかぶを入れ、塩を加えて
　全体になじませ、3分ほどおいて
　水けを軽くきる。
2 Aを加えてまぜ合わせ、夏みかん
　を加えてあえる。

## アボカドのねぎ塩あえ

ごま油とレモン汁をからめて、コクと香りをアップ！一口食べたら止まらないおいしさです。

**材料（2人分）**
アボカド … 小1個（180g）
ねぎ … 小1本（80g）
A｜塩 … 小さじ½
　｜ごま油 … 小さじ1
　｜レモンのしぼり汁 … 小さじ2

**準備**
・アボカドは縦に
　1周切り込みを入れ、
　左右にねじって半分にする。
　種は包丁を刺してねじりとり、
　1.5cm角に切る。
・ねぎはみじん切りにする。

**作り方**
1 ボウルにねぎを入れてAを加え
　てまぜ、5分ほどおいて味をな
　じませる。
2 アボカドを加えてさっくりとあ
　える。

あえる前に、ねぎに味をなじませておくのがコツ。

# サラダ感覚で召し上がれ ヴィーガン浅漬け

どれも1時間から半日漬けるだけで食べられるシンプルな漬け物です。漬け物といっても薄味仕上げなので、サラダのように楽しめるものばかりです。

※材料は、いずれも作りやすい分量で表記しています。

---

砂糖は使わず、メープルシロップで
自然な甘みをつけるのがポイントです

## 玉ねぎとにんじんの甘酢漬け

### 材料
玉ねぎ … 1個（200g）
にんじん … ½本（80g）
A 酢 … 大さじ4
　 メープルシロップ … 小さじ2
　 みりん … 大さじ1
　 塩 … 小さじ½

### 作り方
1 玉ねぎは縦半分に切って、縦に薄切りにする。にんじんは細切りにする。
2 ボウルにAをまぜ合わせ、1を加えてよくまぜる。
3 保存容器に移して冷蔵庫に入れ、半日漬ける。

冷蔵保存すれば1週間はおいしくいただけます。

---

にんにくの香りと
こんぶ茶のうまみがきいています

## カリフラワーと ブロッコリーの浅漬け

### 材料
カリフラワー … ½個（200g）
ブロッコリー … 小½個（100g）
A 水 … ¼カップ
　 こんぶ茶 … 小さじ1
　 塩 … 小さじ½
　 酢 … 大さじ1
にんにくの薄切り … 1かけ分

### 作り方
1 カリフラワーとブロッコリーは一口大の小房に分け、たっぷりの熱湯でかためにゆで、ざるに上げてしっかりと湯をきる。
2 保存袋にAとにんにくを入れてまぜ、1を熱いうちに加えて全体にからめ、半日漬ける。

野菜が熱いうちに漬けると味がよくなじみます。

シャキシャキと歯ごたえがよく、
箸休めに最適です

## セロリのしょうゆ漬け

**材料**
セロリ … 大2本（200g）
A │ しょうゆ … 大さじ2
　│ 酒 … 大さじ1
　│ みりん … 大さじ½

**作り方**
1 セロリは筋をとって2cm長さに切り、
　保存容器に入れる。
2 小なべにAを入れて一煮立ちさせ、熱
　いうちに1に回しかけて全体になじま
　せ、一晩漬ける。

> 酒やみりんは一度煮立
> ててアルコール分をと
> ばすのが基本。

切り干しやこんぶはもどさずに
調味液につけるだけ

## 切り干しのはりはり漬け

**材料**
切り干し大根 … 25g
にんじん … ¼本（40g）
だしこんぶ … 1枚（5cm角）
A │ 水 … ½カップ
　│ 酢 … 大さじ2.5
　│ しょうゆ … 小さじ2
　│ 赤とうがらしの小口切り
　│ 　… 1本分

**作り方**
1 切り干し大根は洗ってざく切りにする。
　にんじんは細切りにする。こんぶはさっ
　と洗ってキッチンばさみで細切りにする。
2 保存容器に1を入れ、Aを加えて全体
　になじませ、1時間から半日漬ける。

> 1時間ならパリッと食
> 感、半日漬けたらグン
> とやわらかくなります。

塩こんぶの塩けで
うまみたっぷりに漬かります

# ミニトマトと青じその塩こんぶ漬け

**材料**
ミニトマト
　…1パック（200g）
青じそ…10枚
塩こんぶ…大さじ2（8g）
A｜酢…大さじ1
　｜みりん…大さじ1

**作り方**
1 ミニトマトは湯むきする。青じそは細切りに、塩こんぶはあらく刻む。
2 保存袋に1を入れ、Aを加えて全体になじませ、1時間漬ける。

トマトは湯むきしておくと味がよくしみ込みます。

ごぼうの素朴な風味に
みそがよく合います

# カリカリごぼうのみそ漬け

**材料**
ごぼう…1本（150g）
A｜みそ…70g
　｜酒…大さじ½

**作り方**
1 ごぼうは皮をこすり洗いし、10cm長さに切る。湯を沸かし、煮立ったらごぼうを入れて2分ほどゆで、ざるに上げて湯をきりながら冷ます。
2 保存容器にAを入れてまぜ合わせ、1を埋め込むようにして入れ、半日漬ける。
3 みそをふきとって一口大に切る。

ごぼうは水けが少ないのでみそ漬けに最適です。

甘酒を使うのがポイント。
やさしい辛さです

# きゅうりのからし漬け

**材料**
きゅうり…3本（300g）
塩…適量
A｜水…½カップ
　｜塩…小さじ1
　｜甘酒…50g
　｜粉がらし…小さじ2
　｜だしこんぶ
　｜　…1枚（5cm角）

**作り方**
1 きゅうりは塩を振って板ずりし、5分おいて塩を軽く落とす。だしこんぶはキッチンばさみで1cm幅に切る。
2 保存袋にAを入れてよくまぜ、1を加えて全体になじませる。
3 口を閉じて平らにならし、重しをのせて半日漬ける。軽く汁けをきって一口大に切る。

重しには、1ℓ入りのペットボトルが最適。

第7章

# 野菜のうまみが伝わる ヴィーガン主食&汁物

味はもちろん、香りや色など、
野菜の持つさまざまな魅力が生かされるのが、
炊き込みごはんや具だくさんの汁物。
野菜のうまみたっぷりのヴィーガン和食です。

# ねぎと乾物の炊き込みごはん

食材の味が凝縮された絶品ごはんです。もどさずに加えた乾物のうまみや香り、そしてコロコロ入ったねぎの風味がごはんにしみて味つけはしょうゆだけとは思えない、深い味わいです。

## 材料（4〜5人分）

米…360㎖（2合）
ねぎ…2本（200g）
切り干し大根…10g
芽ひじき…10g
干ししいたけ（薄切りのもの）
　　…10g
薄口しょうゆ
　　…大さじ2⅓

> まるごとの干ししいたけの場合は、もどしてから薄切りに。

## 作り方

1 米を浸水させたなべに切り干し大根、芽ひじき、干ししいたけ、薄口しょうゆを加え、ざっとまぜる。

2 ねぎを広げてのせ、ふたをして強火にかけ、煮立ったら弱火にして10分炊く。

3 火を止めて10分ほど蒸らし、全体をさっくりとまぜる。

## 準備

・米は洗ってなべに入れ、
　水2カップを注いで30分浸水させる。
・ねぎは1.5cm長さに切る。
・切り干し大根は洗ってざく切りにする。
・芽ひじきはよく洗う。

## Point

水かげんしたお米に、乾燥したままの乾物をまぜます。炊飯中に水分を吸ってやわらかくなり、風味も逃がしません。

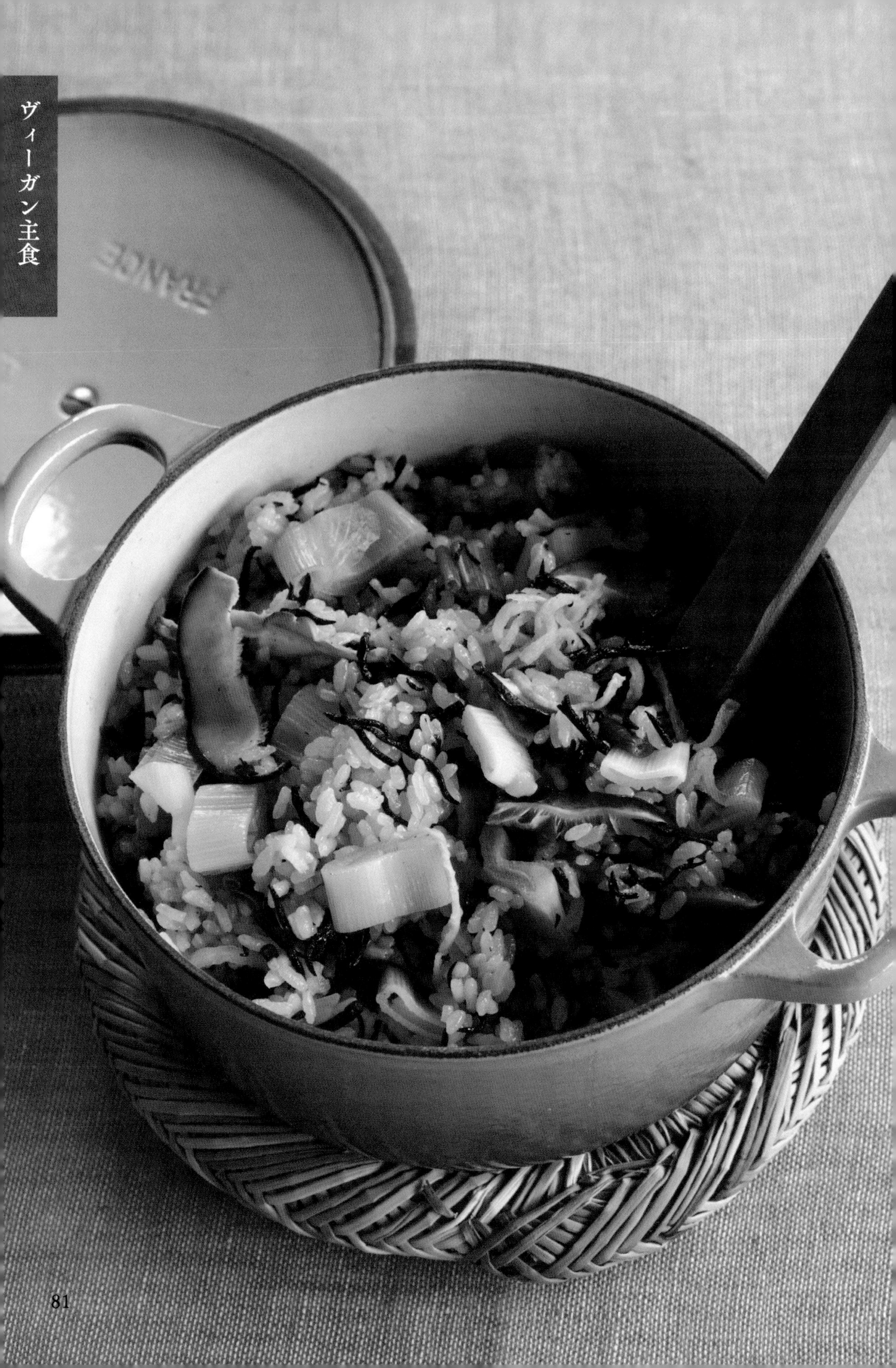

# グリーンピースと煎茶の香りごはん

同じ時期に旬を迎えるグリーンピースと煎茶で、すがすがしい香りを楽しむ炊き込みごはんを作りました。

## 材料（4〜5人分）

米 … 360mℓ（2合）
グリーンピース
　（さやから出したもの）… 150g
こんぶ … 1枚（5cm角）
A｜酒 … 大さじ1
　｜塩 … 小さじ½
煎茶 … 大さじ1

煎茶は軽くいってから加えると、いっそう香りが引き立ちます。

## 準備

・米は洗って水かげんし、30分浸水させる。

## 作り方

1 米を浸水させたなべにAをまぜて、こんぶを入れる。グリーンピースを広げてのせ、ふたをして強火にかけ、煮立ったら弱火にして10分炊く。

2 煎茶はフライパンに入れて弱火にかけ、焦がさないようにいる。香りが立ったらすり鉢に入れてこまかくすりつぶす。

3 ごはんが炊けたら火を止めて10分ほど蒸らし、2を加えてさっくりとまぜる。

# 揚げ長いもの ホクホクまぜごはん

揚げた長いものおいしさは感動もの！
塩を振って熱々ごはんにまぜるだけで、
香ばしいまぜごはんの完成です。

**材料（2〜3人分）**
長いも…100g
揚げ油…適量
塩…小さじ½
あたたかいごはん
　　…330g（1合分）

**作り方**
1 揚げ油を180度に熱し、長いもを入れて
　カラリとするまで1〜2分揚げ、油をきり、
　塩を振りまぜる。

2 ボウルにごはんを入れて1を加え、さっ
　くりとまぜる。

**準備**
・長いもは皮をむいて
　1cm角に切る。

切ったらすぐに揚げた
いので、油は熱し始め
ておきましょう。

## 薄切り野菜の
## てまりずし

写真映え抜群のヴィーガンずし。
のせる具はすべて薄切り野菜、
ごはんにまぜるすし酢にも砂糖（上白糖）は使っていません。
おもてなしやお弁当にもおすすめです。

### 材料（2人分）

あたたかいごはん … 330g（1合分）

| A | 酢 … 大さじ1⅔ |
| --- | --- |
| | きび糖 … 大さじ1 |
| | （てんさい糖、メープルシロップでも可） |
| | 塩 … 小さじ½ |

れんこんのゆず酢漬け（下記参照）… 30g分
きゅうりの浅漬け（下記参照）… ⅓本分
たけのこの薄味煮（下記参照）… 40g分
かぶの梅酢漬け（下記参照）… 40g分
しいたけの薄味煮（下記参照）… 2個分

### 準備

・てまりずしにのせる具を
　それぞれ用意する。
・Aはまぜる。

### 【具の材料と作り方】

#### れんこんのゆず酢漬け

れんこんの薄切り30gをさっとゆで
て湯をきり、ゆずのしぼり汁小さじ
1、塩少々とともに保存袋に入れて、
10分ほどおく。

#### きゅうりの浅漬け

きゅうり⅓本を縦に薄切りにし、ゆ
ずこしょう小さじ⅛、しょうゆ小さ
じ½とともに保存袋に入れて、10
分ほどおく。

#### たけのこの薄味煮

ゆでたけのこ40gをごく薄いくし形
切りにしてなべに入れ、しょうゆ、
酒、水各小さじ1、しょうがのすり
おろし小さじ¼弱を加えて中火で
さっと煮る。

#### かぶの梅酢漬け

かぶの薄切り小½個分（40g）、梅酢
小さじ1を保存袋に入れて10分ほど
おく。

#### しいたけの薄味煮

しいたけ2個を薄切りにしてなべに
入れ、しょうゆ小さじ1、酒大さじ
1を加えて中火にかけ、汁けがなく
なるまで煮る。

### 作り方

1　ボウルにごはんを入れ、Aを加えて
水分をとばすようにさっくりとまぜ、
うちわなどであおいで冷まし、すし
めしを作る。

2　ラップを約15cm四方に切って手の
ひらに広げ、れんこんの½量を汁
けをきってのせる。10等分したす
しめしをのせてラップで包み込み、
ひねって閉じ、てまり形にととのえ
る。

3　残りの具も同様にして、ラップで包
み、てまり形にととのえ、各2個ず
つ作る。ラップをはずして器に盛る。

すしめしは、熱々ごは
んに調味料をまぜてか
ら冷ますのが基本です。

### Point

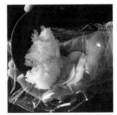

ラップに具を平らに広
げて、すしめしをのせ
てラップで丸く包みます。食べる直前までこ
のままおいておくと、
すしめしと具がよくな
じみます。

## 三つ葉と甘夏のまぜずし

甘夏のやさしい酸味と三つ葉の上品な風味。
洗練された味わいのおすしです。

### 材料（4〜5人分）

あたたかいごはん … 660g（2合分）

A ┌ 酢 … 大さじ3
　├ きび糖 … 大さじ2
　│　（てんさい糖、メープルシロップでも可）
　├ 塩 … 小さじ1
　└ いり白ごま … 大さじ2

甘夏みかん … 1個（300g）

三つ葉 … 小2束（80g）

刻みのり … 適量

> 三つ葉の水けが残って
> いると水っぽくなり、
> 早く傷みがちです。

### 準備

・Aはまぜる。
・甘夏みかんは皮をむき、
　薄皮も除いて実をとり出し、ほぐす。

### 作り方

1 飯台、またはボウルにごはんを入れ、A
　を加えて水分をとばすようにさっくりと
　まぜて、うちわなどであおいで冷まし、
　すしめしを作る。

2 三つ葉はさっとゆで、水にとって冷まし、
　水けをしぼって食べやすい長さに切る。

3 1に甘夏と三つ葉を加えてまぜ合わせる。
　器に盛って刻みのりを散らす。

# さつまいもの茶がゆ

ほっとする味わいで、おいもの季節におすすめの一品です。ちょっと食欲がないときも、この1杯で元気が復活します。

## 材料（2〜3人分）
米 … 100㎖
A｜ほうじ茶（茶葉）… 大さじ1
　｜水 … 3.5カップ
さつまいも … ½本（100g）
塩 … 小さじ½

## 作り方
1 土なべ、または厚手のなべに米を入れ、Aとさつまいもを加えてふたをし、強火にかける。

2 煮立ったら、ほうじ茶をとり除いて弱火にし、吹きこぼれないようにふたを少しずらし、30分ほど煮る。塩をまぜて火を止め、ふたをして5分蒸らす。

## 準備
・米は洗い、ざるに上げて水けをきる。
・ほうじ茶は、お茶パックに入れる。
・さつまいもは1cm厚さのいちょう切りにする。

切って時間をおくとアクが出るので、煮る直前に切りましょう。

# 具だくさんの ふわとろけんちん

だしにも動物性の材料を使わず、植物性100%。もともとヘルシーなけんちん汁をヴィーガンレシピで！いろいろな野菜のうまみが一体となって地味深い味に。お好きな野菜でアレンジもどうぞ。

## 材料（2人分）

里いも … 小4個（120g）
ごぼう … ⅓本（20g）
にんじん … 小⅙本（20g）
大根 … 1.5cm（40g）
ねぎ … 10cm
こんにゃく … 40g
ごま油 … 大さじ½
A ｜ こんぶだし … 2カップ
　｜ 酒 … 大さじ2
　｜ 塩 … 小さじ¼
絹ごしどうふ … ½丁（150g）
かたくり粉 … 小さじ2
B ｜ しょうゆ … 小さじ2
　｜ ごま油 … 小さじ½
三つ葉のざく切り … 小⅓束分

## 作り方

**1** なべにごま油を熱し、準備した野菜とこんにゃくを中火でいためる。

**2** 全体に油がなじんだら、Aを加えて5分煮る。野菜がやわらかくなったら、とうふを手でくずしながら加える。

**3** 煮立ったら、かたくり粉を3倍量の水でとき入れてまぜる。とろみがついたらBを加えて軽くまぜ、再び煮立ったら三つ葉を散らして火を止める。器に盛り、好みで七味とうがらしを振る。

## 準備

・里いもは皮をむいて一口大に切り、塩適量（分量外）をまぶしてもみ、洗ってゆでこぼす。
・ごぼうは皮をこすり洗いし、小さめの乱切りにし、下ゆでをする。
・にんじん、大根も小さめの乱切りにする。
・ねぎは2cm長さに切る。
・こんにゃくは一口大にちぎって下ゆでする。

味がしみにくいこんにゃくは、スプーン、または手でちぎります。

## Point

野菜によく油がなじむまでいためてから煮ると、野菜のうまみが閉じ込められて、コクが増します。

とうふは包丁で切るよりも、手でくずしながら入れると表面がデコボコになって、味がよくしみるうえ、食感も野菜とよくなじみます。

ヴィーガン汁物

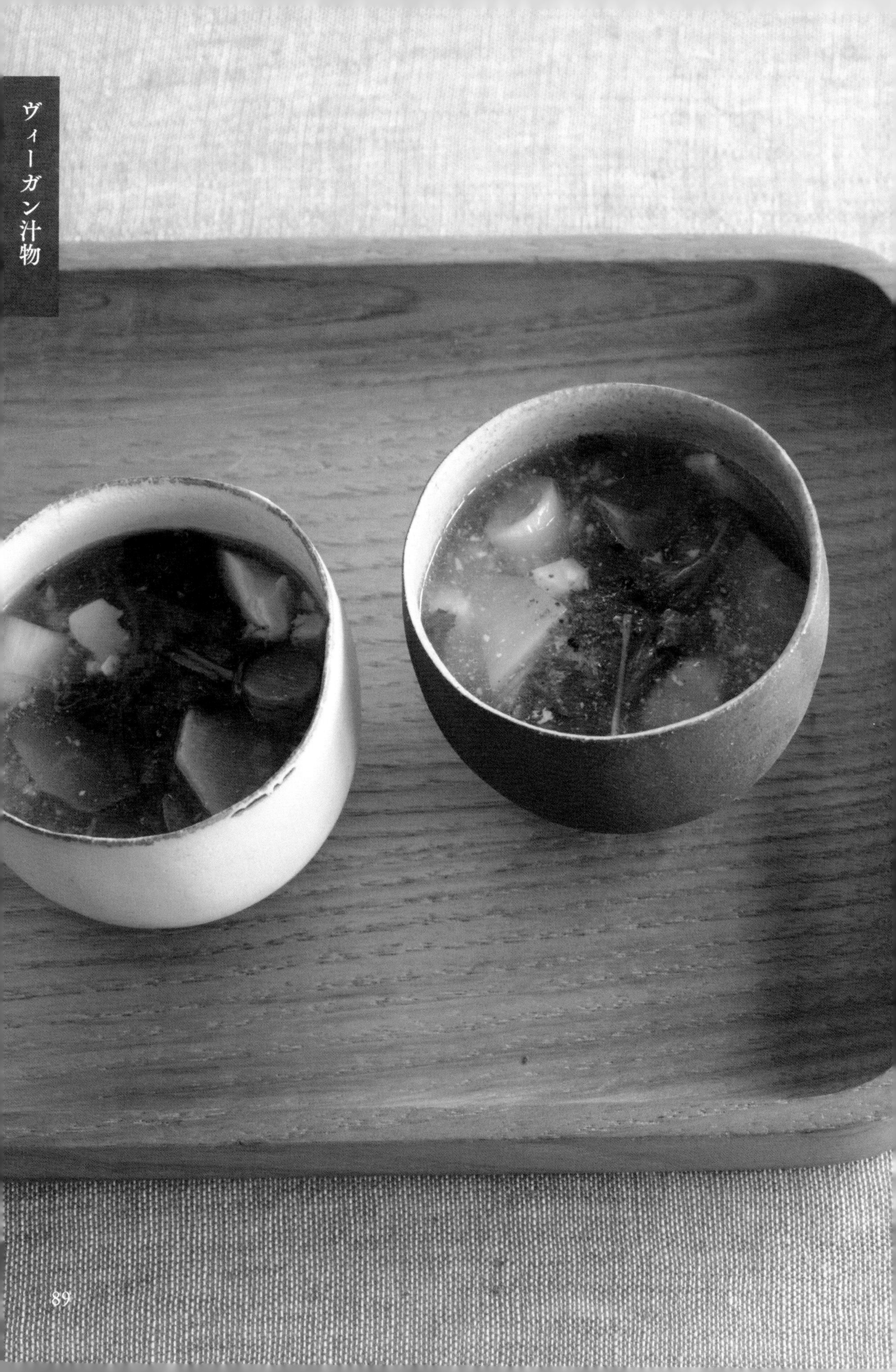

## 揚げ大根のみぞれ汁

大根を油で揚げてから煮るので、コクが出て大満足の飲み心地です。とろみのある汁は冷めにくく、寒い季節にはぴったり。

### 材料（2人分）

大根 … 10cm（300g）
揚げ油 … 適量
A ┌ こんぶだし … 1¾カップ
　│ 薄口しょうゆ … 小さじ1.5
　│ 塩 … 小さじ¼
　└ 酒 … 大さじ2
大根おろし … 4〜5cm分（150g）
かたくり粉 … 小さじ2
しょうがのすりおろし
　　… 小さじ½

### 準備

・大根は2.5cm厚さの輪切りにして
　皮をむき、5分ほど下ゆでする。
・大根おろしは軽く汁けをきる。

### 作り方

1 揚げ油を140度に熱し、大根を入れて弱火でじっくりと10分ほど揚げる。竹ぐしがスーッと通ればとり出して油をきる。

2 なべにAと1を入れて中火にかけ、煮立ったら弱火にして3分ほど煮る。

3 仕上げに大根おろしを入れ、かたくり粉を3倍量の水でといて加え、とろみをつける。器に盛ってしょうがのすりおろしを添える。

> 水どきかたくり粉はまぜながら少しずつ加えるとムラになりにくいです。

# いろいろきのこのかす汁

きのこはいろんな種類をまぜて使うと、うまみが増します。相性のよい酒かすとみその相乗効果で、ほっくりとした味わいに。

## 材料（2人分）

ぶなしめじ … 小½パック(50g)
まいたけ … ½パック(50g)
しいたけ … 2個
えのきだけ … ⅓袋(70g)
A ┃ 酒かす … 40g
　 ┃ 酒 … 大さじ2
こんぶだし … 2カップ
白みそ … 大さじ1
B ┃ しょうゆ … 小さじ1
　 ┃ 塩 … 少々
万能ねぎの小口切り … 適量

## 作り方

1 ボウルにAを入れて酒かすをふやかしておく。

2 なべに準備したきのこ、こんぶだし、1を入れて中火にかけ、煮立ったら弱火にして2分ほど煮る。

3 白みそをとき入れ、Bで調味する。器に盛り、万能ねぎを散らす。

みそは、煮汁を少しとってといてから加えましょう。

## 準備

・ぶなしめじ、まいたけは石づきを除いて一口大にほぐす。
・しいたけは石づきを除いて薄切りにする。
・えのきだけは根元を除いて、ざく切りにする。

できれば粘りの強い、
じねんじょがおすすめ。

# 山いもだんごのすまし汁

薄味で仕立てたこんぶだしにおろした山いもを入れてあたためるだけ。もっちりとした食感があとを引きます。

**材料（2人分）**
山いも … 80g
かたくり粉 … 小さじ1⅓
A｜こんぶだし … 2カップ
　｜酒 … 大さじ2
　｜薄口しょうゆ … 小さじ2
　｜塩 … 小さじ¼
しらがねぎ … 適量

**準備**
・山いもは皮をむいてすりおろす。

**作り方**
1 山いもはボウルに入れてかたくり粉をまぜる。
2 なべにAを入れて中火にかけ、煮立ったら1をスプーンで一口大にすくって落とす。
3 煮立てないようにして、山いもだんごに火が通ったら器に盛り、ねぎを添える。

# にら入りとろろ汁

スタミナ不足のときにおすすめの、とても簡単なとろろ汁です。ネバネバパワーで元気をとり戻しましょう。

**材料（2人分）**
にら … ¼束（25g）
長いも … 100g
ごま油 … 大さじ½
A｜こんぶだし … 2カップ
　｜酒 … 大さじ1
　｜塩 … 小さじ¼
しょうゆ … 小さじ2

**準備**
・にらは2cm長さに切る。
・長いもは皮をむいてすりおろす。

**作り方**
1 フライパンにごま油を熱し、にらをさっといためる。
2 なべにAを入れて中火にかけ、煮立ったら1としょうゆを加え、長いもを加えてすぐに火を止める。

加熱しすぎると栄養がそこなわれるので、あたためる程度に。

# 野菜が主役のすいとん

野菜をたっぷり入れて、ヘルシーに！
すいとんも加えた食べごたえのある一品です。

## 材料（2人分）

里いも … 小4個（120g）
大根 … 2cm（60g）
にんじん … ⅓本（50g）
しいたけ … 2個
さやいんげん … 3本
かんぴょう … 5g
こんぶだし … 2カップ
A｜酒 … 大さじ2
　｜塩 … 小さじ¼
B｜小麦粉 … 100g
　｜水 … ½カップ
しょうゆ … 小さじ2

## 作り方

1 なべにこんぶだし、里いも、大根、にんじん、しいたけを入れ、中火にかける。煮立ったら弱火にし、Aを加えて3分ほど煮る。

2 Bをボウルに入れてよくまぜ合わせ、スプーンで一口大にすくって1のなべに入れる。

3 かんぴょうといんげんを加え、しょうゆで調味し、4分煮る。

> 粉っぽさがなくなるまでよくまぜてください。

## 準備

・里いもは皮をむいて一口大に切り、
　塩適量（分量外）をまぶしてもみ、
　洗ってゆでこぼす。
・大根、にんじんは短冊切りにする。
・しいたけは石づきを除いて薄切りにする。
・かんぴょうは水でもどし、
　塩でもんで洗い流し、食べやすく切る。
・さやいんげんは3～4cm長さに切る。

# 野菜別索引（五十音順）

## あ行

**青じそ**
- 青じそ塩 …… 50
- たっぷり薬味の焼きなす …… 14
- 豆乳じょうゆあえ …… 74
- 細切り野菜と春雨の酢の物 …… 78
- ミニトマトと青じその塩こんぶ漬け …… 75

**アボカド**
- アボカドのねぎ塩あえ …… 47
- 焼きアボカドのわさびソース …… 71

**うど**
- うどとセロリの酢みそあえ …… 91

**えのきだけ**
- いろいろきのこのかす汁 …… 48

**枝豆**
- 緑のさや豆 3種焼き …… 8

**エリンギ**
- 彩り野菜の精進揚げ …… 42
- エリンギとセロリのしょうが焼き …… 13
- なすときのこの南蛮漬け …… 69

**オクラ**
- オクラのピリ辛ごまあえ …… 52
- お好み野菜のみそくし揚げ …… 84

## か行

**かぶ**
- 薄切り野菜のてまりずし …… 75
- かぶの紀州あえ …… 84
- ころころ野菜のおでん …… 24

**かぼちゃ**
- 彩り野菜の精進揚げ …… 8
- かぼちゃのさっぱり塩煮 …… 34

**カリフラワー**
- カリフラワーとブロッコリーの浅漬け …… 76

**キャベツ**
- とろとろキャベツの和風オイル煮 …… 26
- ゆずこしょう風味の和風野菜いため …… 60

**きゅうり**
- 薄切り野菜のてまりずし …… 84
- きゅうりと車麩の酢の物 …… 20
- きゅうりのからし漬け …… 78
- 細切り野菜と春雨の酢の物 …… 74
- お好み野菜のみそくし揚げ …… 52

**グリーンアスパラガス**
- アスパラガスのくるみ揚げ …… 57
- アスパラガスと煎茶の香りごはん …… 68

**グリーンピース**
- グリーンピースと煎茶の香りごはん …… 82
- 緑のさや豆 3種焼き …… 48

**クレソン**
- ごぼうとクレソンの塩きんぴら …… 16
- トマトとクレソンの冷たい煮びたし …… 27

**ゴーヤー**
- ゴーヤーと油揚げの甘辛煮 …… 36

**ごぼう**
- カラフル野菜とひじきのいり煮 …… 78
- カリカリごぼうのみそ漬け …… 33
- 具だくさんのふわとろけんちん …… 88
- 彩り野菜とクレソンの塩きんぴら …… 61
- ごぼうのさっぱり塩煮 …… 35
- 根菜のみそきんぴら …… 16
- 昔ながらのいためなます …… 64

**小松菜**
- 小松菜と油揚げの煮びたし ゆずこしょう添え …… 12
- 小松菜のからしあえ …… 70

## さ行

**さつまいも**
- さつまいもの茶がゆ …… 87

**里いも**
- 具だくさんのふわとろけんちん …… 88
- まるごと里いものみそくし焼き …… 45
- ころころ野菜のおでん …… 24
- 野菜が主役のすいとん …… 6
- 6種の野菜の炊き合わせ …… 93

**さやいんげん**
- さやいんげんのごまあえ …… 68
- にんじんといんげんの信田巻き …… 37
- 野菜が主役のすいとん …… 6
- 6種の野菜の炊き合わせ …… 93

**しいたけ**
- いろいろきのこのかす汁 …… 91
- しいたけの竜田揚げ …… 84
- 具だくさん白あえ …… 21
- しいたけのてまりずし …… 56
- 昔ながらのいためなます …… 64
- 野菜が主役のすいとん …… 93
- ゆずこしょう風味の和風野菜いため …… 60
- れんこんのはさみ揚げ …… 55

**ししとうがらし**
- お好み野菜のみそくし揚げ …… 52
- ししとうがらしのつくだ煮 …… 58
- ししとうの昔ながらの焼きびたし …… 49

**じゃがいも**
- 揚げ麩の肉じゃが風 …… 30
- ゆずごま風味のじゃがいもの煮っころがし …… 10

**しょうが**
- しょうが塩 …… 50
- しょうがとしょうがの甘辛ふりかけ …… 58

**ズッキーニ**
- 彩り野菜の精進揚げ …… 8

**スナップえんどう**
- 彩り野菜の精進揚げ …… 8

**セロリ**
- うどとセロリの酢みそあえ …… 71
- エリンギとセロリのしょうが焼き …… 42
- セロリとしょうがの甘辛ふりかけ …… 58
- セロリのしょうゆ漬け …… 77

**そら豆**
- 緑のさや豆 3種焼き …… 48

## た行

**大根**
- 揚げ大根のみぞれ汁 …… 90
- 揚げだし風ポン酢大根 …… 53
- 具だくさんのふわとろけんちん …… 88
- 根菜としめじのホイル蒸し にんにくソース …… 40
- 大根とわかめの塩レモンいため …… 62

*にら
にら入りとろろ汁 …… 92

*大根
大根のてりてり照り焼き …… 43
なめこのみぞれあえ …… 73
昔ながらのいためなます …… 64
野菜が主役のすいとん …… 93
ゆずこしょう風味の和風野菜いため …… 60

*たけのこ
薄切り野菜のてまりずし …… 84
6種の野菜の炊き合わせ …… 6

*玉ねぎ
揚げ麩の肉じゃが風 …… 30
玉ねぎとにんじんの甘酢漬け …… 76
ゆずこしょう風味の和風野菜いため …… 60

*とうがん
とろーりとうがんと油揚げの煮物 …… 29

【な行】

6種の野菜の炊き合わせ …… 6

*トマト・ミニトマト
彩り野菜の精進揚げ …… 8
お好み野菜のみそくし揚げ …… 52
ころころ野菜のおでん …… 24
トマトとクレソンの冷たい煮びたし …… 27
ミニトマトと青じその塩こんぶ漬け …… 78
6種の野菜の炊き合わせ …… 6

*なす
彩り野菜の精進揚げ …… 8
たっぷり薬味の焼きなす …… 14
豆乳じょうゆあえ …… 13
なすときのこの南蛮漬け …… 63
なすとピーマンのみそいため …… 65

*なめこ
なめこのみぞれあえ …… 73

*にんじん
カラフル野菜とひじきのいり煮 …… 33
具だくさんの白あえ …… 21
ごぼうとクレソンの塩きんぴら …… 88
根菜と高野どうふの含め煮 …… 16
根菜としめじのホイル蒸し …… 32
にんにくソース …… 40
なすときのこの南蛮漬け …… 13
根菜としめじのホイル蒸し …… 40
玉ねぎとにんじんの甘酢漬け …… 76
にんじんといんげんの甘酢漬け …… 37
にんじんとごまのふりかけ …… 58
にんじんといんげんの信田巻き …… 74
細切り野菜と春雨の酢の物 …… 93
野菜が主役のすいとん …… 60

*ぶなしめじ
いろいろきのこのかす汁 …… 91
根菜としめじのかす汁 …… 40

*ねぎ
揚げねぎの香ばしいふりかけ …… 58
アボカドのねぎ塩あえ …… 75
具だくさんのふわとろけんちん …… 88
ねぎと乾物の炊き込みごはん …… 80
焼きねぎの塩レモン風味 …… 46

【は行】

*白菜
白菜とがんものいため煮 …… 28

*パセリ
パセリ塩 …… 50

*ピーマン・パプリカ
カラフル野菜とひじきのいり煮 …… 33
なすとピーマンのみそいため …… 63
ゆずこしょう風味の和風野菜いため …… 60

*ブロッコリー
カリフラワーとブロッコリーの浅漬け …… 24
根菜と高野どうふの含め煮 …… 76

*カリフラワー
カリフラワーとブロッコリーの浅漬け …… 24

*ほうれんそう
ほうれんそうと切り干し大根のおひたし …… 18
ほうれんそうと切り干し大根のおひたし …… 40

【ま行】

*まいたけ
いろいろきのこのかす汁 …… 91

*三つ葉
香り野菜のわさびあえ …… 72
三つ葉と甘夏のまぜずし …… 86

*みょうが
香り野菜のわさびあえ …… 72
たっぷり薬味の焼きなす …… 14

*もやし
細切り野菜と春雨の酢の物 …… 73
もやしのごま酢あえ …… 74
豆乳じょうゆあえ …… 13

【や行】

*山いも・長いも
揚げ長いものホクホクまぜごはん …… 83
長いものサクッと白みそ焼き …… 44
山いもだんごのすまし汁 …… 92

*ゆず
ゆず塩 …… 50

【ら行】

*れんこん
薄切り野菜のてまりずし …… 84
根菜と高野どうふの含め煮 …… 61
根菜のみそきんぴら …… 32
昔ながらのいためなます …… 64
もちもちれんこんもち …… 54
れんこんのはさみ揚げ …… 55
6種の野菜の炊き合わせ …… 6

*レモン
レモンピール塩 …… 50

【野菜の乾物】

*かんぴょう
にんじんといんげんの信田巻き …… 37
野菜が主役のすいとん …… 93

*切り干し大根
切り干しのはりはり漬け …… 77
ねぎと乾物の炊き込みごはん …… 80
ほうれんそうと切り干し大根のおひたし …… 18

*干ししいたけ
根菜と高野どうふの含め煮 …… 32
ねぎと乾物の炊き込みごはん …… 80
6種の野菜の炊き合わせ …… 6

※アボカド、いも類、豆類、きのこ、一部の果実なども野菜として扱っています。

# Staff

| | |
|---|---|
| 撮影 | 原 ヒデトシ |
| スタイリング | 坂上嘉代 |
| デザイン | 細山田光宣、成冨チトセ、<br>奥山志乃（細山田デザイン事務所） |
| 調理補助 | 中村三津子 |
| 構成・文 | 大嶋悦子 |
| 編集担当 | 佐々木めぐみ（主婦の友社） |

**庄司いずみ**（しょうじいずみ）

野菜料理家。日本ベジタリアン学会会員。野菜料理や100％植物性のヴィーガン料理を、レシピ本や雑誌、テレビなどで紹介している。主宰する野菜料理教室「庄司いずみベジタブル・クッキング・スタジオ」も好評。『ベジライス、ベジヌードルで！糖質オフ』（主婦の友社）ほか、『保存版 やさいの常備菜 かんたん仕込みで食べ飽きない』（世界文化社）、『サラダサンド』（旭屋出版）など野菜レシピの著書多数。

●庄司いずみ
　ベジタブル・クッキング・スタジオ
　http://shoji-izumi.tokyo/

# ヴィーガン和食（わしょく）

2020年6月20日　第1刷発行
2024年7月20日　第7刷発行

著　者　庄司（しょうじ）いずみ
発行者　丹羽良治
発行所　株式会社主婦の友社
　　　　〒141-0021　東京都品川区上大崎3-1-1 目黒セントラルスクエア
　　　　電話 03-5280-7537（内容・不良品等のお問い合わせ）
　　　　　　　049-259-1236（販売）
印刷所　大日本印刷株式会社

※本書は弊社刊行の『野菜を「和」で食べるレシピ』（2014年）の書名を変更し、再編集したものです。

■本のご注文は、お近くの書店または主婦の友社コールセンター
（電話0120-916-892）まで。
＊お問い合わせ受付時間　月〜金（祝日を除く）　10:00〜16:00
＊個人のお客さまからのよくある質問のご案内 https://shufunotomo.co.jp/faq/